本書の特長と使い方

　本書は，ノートの穴うめで最重要ポイントを整理し，さらに確認問題に取り組むことで，中学歴史の基礎を徹底的に固めて定期テストの得点アップを目指すための教材です。

　1単元2ページの構成です。

ここから解説動画が見られます。
くわしくは2ページへ

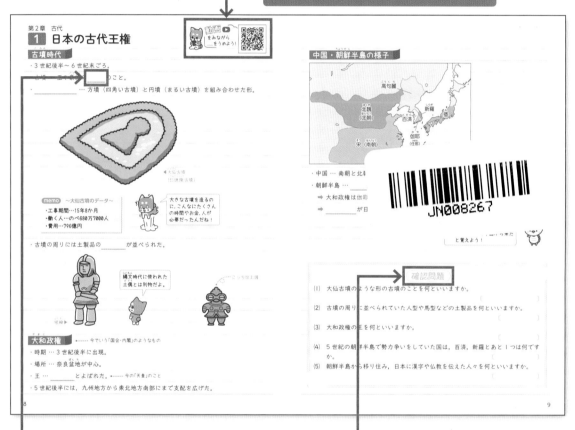

① **まとめノート**
授業を思い出しながら，＿＿に大事な用語を書きこんでいきましょう。
思い出せないときは，
解説動画を再生してみましょう。

② **確認問題**
ノートに整理したポイントが
身についたかどうかを
確認問題で確かめましょう。

登場する
キャラクター

数犬チャ太郎

かっぱ

使い方はカンタン！
ICTコンテンツを活用しよう！

本書には，QRコードを読み取るだけで見られる解説動画がついています。
「授業が思い出せなくて何を書きこめばよいかわからない…」そんなときは，
解説動画を見てみましょう。

▶ 解説動画を見よう

❶ 各ページのQRコードを読み取る

スマホでもタブレットでもOK！
PCからは下のURLからアクセスできるよ。
https://cds.chart.co.jp/books/zrn0end2w0

❷ 動画を見る！

速度調節や
全画面表示も
できます

便利な使い方

ICTコンテンツが利用できるページをスマホなどのホーム画面に追加することで，毎回QRコードを読みこまなくても起動できるようになります。くわしくはQRコードを読み取り，左上のメニューバー「≡」▶「ヘルプ」▶「便利な使い方」をご覧ください。

目　次

1 人類の出現と世界の古代文明

人類の歴史

・ ＿＿＿＿人 … 約 700 万〜 600 万年前に出現。手で道具を使用した。

・ ＿＿＿＿人 … 約 200 万年前に出現。火や言葉を使用した。

・新人 … 約 20 万年前に出現。＿＿＿＿・＿＿＿＿＿＿＿ともいう。

　狩りや採集をして暮らしていた。

猿人　原人

わたしは
ニンジン

関係ない
でしょ！

石器の使用

・石を打ち欠いて作った＿＿＿＿＿石器が使用された時代を，

　旧石器時代という。

・石の表面をみがいて作った＿＿＿＿＿石器が使用された時代を，

　新石器時代という。

「古くてだせー石器」
（打 製）
って覚えるといいよ！

古代文明

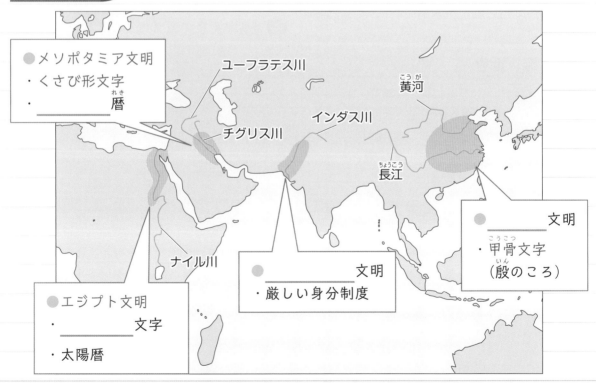

●メソポタミア文明
・くさび形文字
・＿＿＿＿＿暦(れき)

ユーフラテス川

黄河(こうが)

インダス川

チグリス川

長江(ちょうこう)

＿＿＿＿＿文明
・甲骨文字(こうこつ)
　（殷(いん)のころ）

ナイル川

＿＿＿＿＿文明
・厳しい身分制度

●エジプト文明
・＿＿＿＿＿文字
・太陽暦

ヨーロッパの文明

・ギリシャ … 都市国家（＿＿＿＿＿）の成立 ●----- 紀元前8世紀ごろ

   ➡ マケドニアのアレクサンドロス大王が東に遠征
                     ---- ギリシャを征服

   ➡ ＿＿＿＿＿＿＿ 文化の発達

・イタリア … 王政 → 共和政 → 帝政 ＝ ＿＿＿＿＿ 帝国
                  ---- 紀元前1世紀に成立

宗教のおこり

・仏教 … インドで ＿＿＿＿＿ が開いた。東南アジア，中国，日本などで広まった。

・＿＿＿＿＿ 教 … イエスが開いた。

  その教えは『聖書』にまとめられ，アメリカ，アジア，アフリカなどで広まった。

・＿＿＿＿＿ 教 … ムハンマドが開いた。

  西アジア，北アフリカ，東南アジアなどで広まった。

> ### これも覚えよう
> 儒教 … 中国で孔子がおこして，朝鮮や日本に広まった。

確認問題

(1) 約200万年前に登場し，火を使ったり，言葉を発達させたりした人類を何といいますか。　〔　　　　　〕

(2) 旧石器時代に使用されていた，石を打ち欠いて作った石器を何といいますか。　〔　　　　　〕

(3) 黄河流域でおこった文明を何といいますか。　〔　　　　　〕

(4) イタリアで紀元前1世紀に成立した国を何といいますか。　〔　　　　　〕

(5) ムハンマドが開いた宗教を何といいますか。　〔　　　　　〕

2 日本の成立

時代	年代	できごと
旧石器		日本は，大陸と陸続きであった。 打製石器でマンモス，ナウマンゾウなどをとらえて食料とする。
縄文	約1万年前	氷河時代が終わり，海面が上昇。 ➡ 現在の日本列島が成立。 縄の文様が付いた_____土器が作られる。 └── 他にも，磨製石器や骨角器が使われる

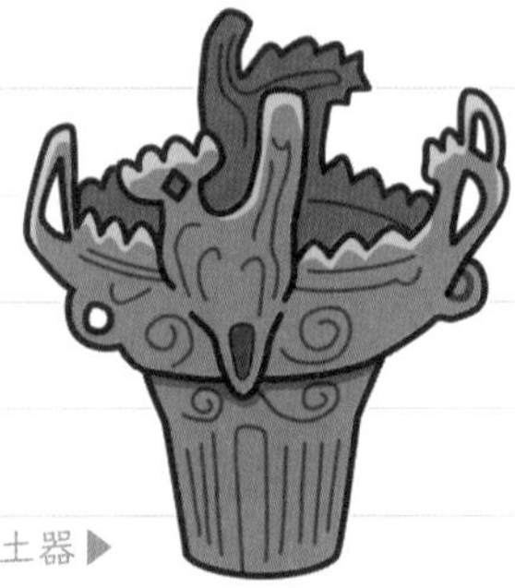

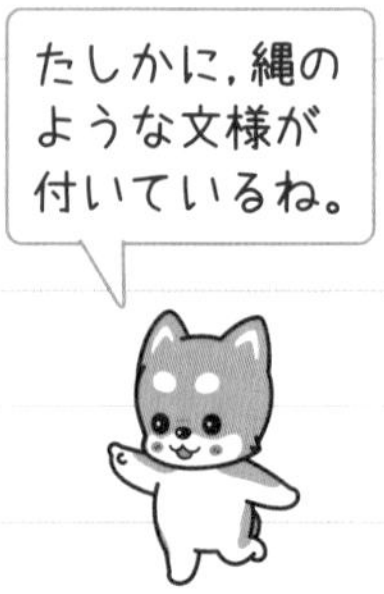

たしかに，縄のような文様が付いているね。

◀縄文土器

貝殻や魚の骨などを捨てる_____ができる。

掘った地面に柱を立てた_____に住む。

豊作などを祈って土偶が作られる。

| 弥生 | 紀元前
4世紀ごろ | 大陸から_____が伝来する。
└── 米作りのこと |

高温で焼いた薄手の_____土器が作られる。

米を保管するための_____が作られる。
└── ねずみ返しが特徴

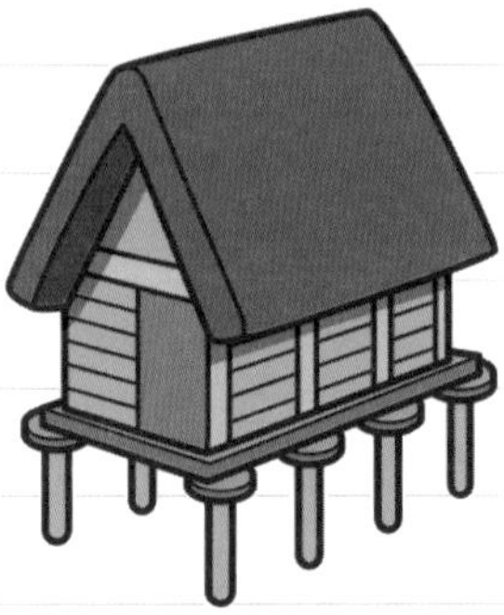

高いところにあるから，湿気やねずみの侵入を防げるんだね。

▲高床倉庫

かっぱは侵入できるのかな～？

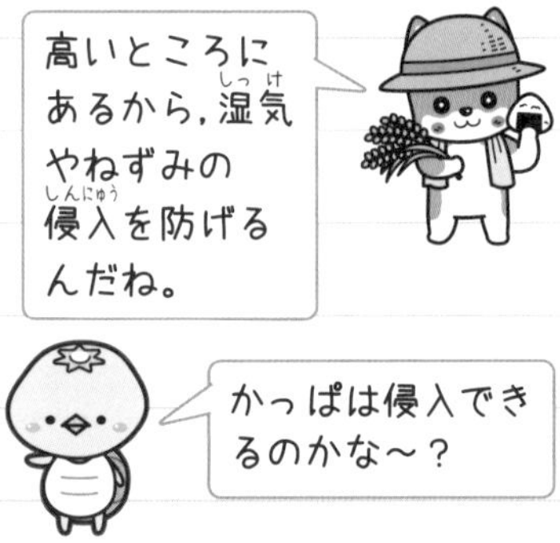

時代	年代	できごと
弥生	57	倭の奴国の王が，漢の皇帝から ＿＿＿＿＿＿ を授かる。 ┈┈ 今の福岡県　┈┈ 中国のこと
	220	中国で漢がほろび，魏・蜀・呉の三国に分かれる。
	239	邪馬台国の女王 ＿＿＿＿＿＿＿ が魏に使いを送り， 金印や ＿＿＿＿＿ 100 枚を授かる。 邪馬台国のことは『 ＿＿＿＿＿＿＿＿ 』に 詳しく記されている。　　　　┈┈ 中国の書物の記述 ▲金印　　　　　　　　　銅鏡▲

これも覚えよう

倭 … 当時の日本の呼び方。倭には 100 余りの国（今でいう都道府県のようなもの）があり，その中の 1 つが奴国だった。
邪馬台国も倭の国の 1 つで，卑弥呼は倭にある 30 ほどの国をまとめていた。

確認問題

(1) 約 1 万年前に使われ始めた，縄の文様が付いた土器を何といいますか。
〔　　　　　　　　　〕

(2) 縄文時代の人々が貝殻や魚の骨などを捨てていた場所を何といいますか。
〔　　　　　　　　　〕

(3) 収穫した米を保管した，湿気を防ぐための工夫がされている倉庫を何といいますか。
〔　　　　　　　　　〕

(4) 奴国の王が漢の皇帝から授かったものは何ですか。
〔　　　　　　　　　〕

(5) 魏に使いを送った邪馬台国の女王はだれですか。
〔　　　　　　　　　〕

1 日本の古代王権

古墳時代

・3世紀後半〜6世紀末ごろ。

・古墳 … 王や豪族の＿＿＿＿のこと。

・＿＿＿＿＿＿＿＿＿ … 方墳（四角い古墳）と円墳（まるい古墳）を組み合わせた形。

◀大仙古墳
（仁徳陵古墳）

memo　〜大仙古墳のデータ〜

・工事期間…15年8か月
・働く人…のべ680万7000人
・費用…796億円

大きな古墳を造るのに，こんなにたくさんの時間やお金，人が必要だったんだね！

・古墳の周りには土製品の＿＿＿＿が並べられた。

埴輪▶

縄文時代に使われた土偶とは別物だよ。

こっちは土偶

大和政権 ◀----- 今でいう「国会・内閣」のようなもの

・時期 … 3世紀後半に出現。

・場所 … 奈良盆地が中心。

・王 … ＿＿＿＿＿とよばれた。◀----- 今の「天皇」のこと

・5世紀後半には，九州地方から東北地方南部にまで支配を広げた。

中国・朝鮮半島の様子

◀ 5世紀の東アジア

・中国 … 南朝と北朝に分かれて対立。

・朝鮮半島 … ＿＿＿＿＿＿＿，百済，新羅の勢力争い。

➡ 大和政権は伽耶地域（任那）の国々や百済と交流があった。

➡ ＿＿＿＿＿＿＿が日本列島に移り住み，漢字や儒学，仏教を伝えた。

渡来 ⇒ try（挑戦）⇒ 朝鮮
⇒ 渡来人は朝鮮半島から来た
と覚えよう！

確認問題

(1) 大仙古墳のような形の古墳のことを何といいますか。

〔　　　　　　　　　　〕

(2) 古墳の周りに並べられていた人型や馬型などの土製品を何といいますか。

〔　　　　　　　　　　〕

(3) 大和政権の王を何といいますか。

〔　　　　　　　　　　〕

(4) 5世紀の朝鮮半島で勢力争いをしていた国は，百済，新羅とあと1つは何ですか。

〔　　　　　　　　　　〕

(5) 朝鮮半島から移り住み，日本に漢字や仏教を伝えた人々を何といいますか。

〔　　　　　　　　　　〕

2 聖徳太子の政治と大化の改新

動画をみながら　　をうめよう！

聖徳太子の国づくり

・593年，聖徳太子（厩戸皇子）が推古天皇の　　　　になった。

蘇我馬子と協力して，政治の仕組みを作った。----- 役職の名前

・　　　　の制度 … 冠の色によって地位を表した。

家柄ではなく，能力重視で役人を選んだ。

紫　青　赤　黄　白　黒

位が高い　　　　　　　　位が低い

・　　　　　　　… 朝廷の役人に対する心構えが示された。

・和を大切にして争いをしてはいけません。
・仏教をうやまいましょう。
・天皇の命令を必ず守りましょう。

◀「十七条の憲法」の主な内容

・　　　　　の派遣 … 隋（中国）の進んだ文化や制度を取り入れるため使いを送った。

➡ 大王（天皇）中心の国づくりを目指した。

飛鳥文化

----中国や朝鮮の影響

・日本最初の仏教文化。

・　　　　　… 現存する世界最古の木造建築。

memo　〜東大寺〜

大仏や鹿で有名な東大寺は，もっとあとの時代に建てられたもの。

大化の改新

・645年，　　　　　　　（のちの天智天皇）と中臣鎌足（のちの藤原鎌足）が

蘇我氏をたおして中央集権国家の建設を目指した。

これも覚えよう

公地・公民 … 各地で豪族が支配していた土地と人を国家が直接支配した。

公地・公民は，大化の改新で行われた政策の一つだよ。

白村江の戦いと壬申の乱

- _____ の戦い … 663年，中大兄皇子らが百済を助けようとして

  大軍を送った戦い。

  ➡ 大敗したため，唐や新羅からの侵攻に備えた。

- _____ の乱 … 672年，天智天皇の死後に起きた，あとつぎをめぐる争い。

  ➡ 大海人皇子が勝ち，即位して _____ 天皇になった。

▼壬申の乱の系図

あとつぎを決める
のは無難には
いかないね。

確認問題

(1) 聖徳太子が定めた，朝廷の役人の心構えを示したものを何といいますか。

〔　　　　　　　　〕

(2) 隋の進んだ文化を取り入れるために派遣した使いを何といいますか。

〔　　　　　　　　〕

(3) 現存する世界最古の木造建築を何といいますか。

〔　　　　　　　　〕

(4) 中臣鎌足とともに大化の改新を行い，のちの天智天皇となる人物はだれですか。

〔　　　　　　　　〕

(5) 天智天皇の死後に起こった，あとつぎをめぐる争いを何といいますか。

〔　　　　　　　　〕

(6) (5)の争いに勝利した大海人皇子は，即位して，何という名前の天皇になりましたか。

〔　　　　　　　　〕

3 東アジアの緊張と律令国家，天平文化

動画をみながら___をうめよう！

時代	年代	できごと
飛鳥（あすか）	618	隋（ずい）が滅び，唐（とう）が中国を統一する。 ➡ 唐が高句麗（こうくり）に攻め入り，百済（くだら）や新羅（しらぎ），倭（わ）で緊張（きんちょう）が高まる。
	701	刑罰（けいばつ）や政治の決まりを定めた_____が制定される。 ➡ 律令（りつりょう）に基（もと）づいて政治を行う律令国家。 律令に基づいて，なおいい国を目指したよ。 6歳以上の人に口分田（くぶんでん）が与えられ，その人が死ぬと国に返す_____法が制定される。 ➡ 収穫量（しゅうかく）の3%の稲を納める。 負担が重くて，逃亡（とうぼう）する人もいたよ。　しっぽが見えているよ。
奈良	710	奈良の_____に都が移される。
	724	聖武天皇（しょうむ）が即位（そくい）する。
	741	国ごとに国分寺（こくぶんじ），国分尼寺（こくぶんにじ）を建てる命令が出される。 **memo** 〜奈良時代の情勢〜 当時，伝染病や災害が起きて，世の中は混乱していた。そのため，仏教の力で国を守ろうとした。
	743	新しく開墾（かいこん）した土地を永久に私有してよいとする_____法が制定される。 国「自分で開墾した土地なら返さなくてもよいぞ。」　貴族「それならどんどん開墾しよう！」

天平文化 ←----- 天(世の中)が平(平和)になることを願って大仏をつくった

奈良時代の国際色豊かな文化。

東大寺の ＿＿＿＿＿ 宝物 … 遣唐使が持ち帰ったものや聖武天皇が使った品が

　↖----- 校倉造の建物　　納められていた。

➡ ヨーロッパやペルシャ，インド，唐（中国）などの影響が色濃い。

◀瑠璃坏

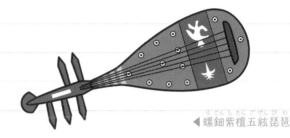

◀螺鈿紫檀五絃琵琶

・歴史書 …「古事記」，「＿＿＿＿＿＿」➡ 神話や日本の成り立ち。

・地理書 …「風土記」➡ 国ごとの伝承や産物など。

・和歌集 …「＿＿＿＿＿＿」➡ 約4500首の和歌。

これも覚えよう

租・調・庸
… 人々に課された
負担。

租	収穫量の約3%の稲
調	絹や糸，真綿，布または特産物
庸	労役の代わりに布

貴族たちは
調・庸などの
負担が免除され，
高い給料を
もらっていた。

確認問題

(1) 戸籍に登録された6歳以上の男女に口分田をあたえ，その人が死ぬと国に返させる制度を何といいますか。〔　　　　　　　　〕

(2) 701年に完成した，刑罰や政治の決まりを何といいますか。〔　　　　　　　　〕

(3) 新しく開墾した土地をいつまでも私有してよいとする法律を何といいますか。〔　　　　　　　　〕

(4) 奈良時代に作られた，日本の成り立ちをまとめた歴史書には，「古事記」のほかに何がありますか。〔　　　　　　　　〕

(5) 奈良時代に作られた日本最古の和歌集を何といいますか。〔　　　　　　　　〕

4 藤原氏と摂関政治，国風文化

動画をみながら＿＿をうめよう！

平安時代の政治

・貴族と僧の間の**勢力争い**で政治が混乱した。

⇒ 立て直すため，794年に桓武天皇が都を京都の＿＿＿＿＿＿＿に移す。

・9世紀ごろ，坂上田村麻呂が＿＿＿＿＿＿＿になる。

⇒ 東北地方の蝦夷を攻め込み，朝廷の勢力を広げた。

・9世紀後半，摂政や関白が中心となる＿＿＿＿＿政治が行われる。

⇒ 11世紀前半，＿＿＿＿＿と，その子頼通のころ，最も安定した。

これも覚えよう

摂政 … 幼い天皇や女性天皇の代わりに政治を行う職
関白 … 成長した天皇を補佐する職

そういえば，聖徳太子も摂政だった。

▼藤原氏の家系図

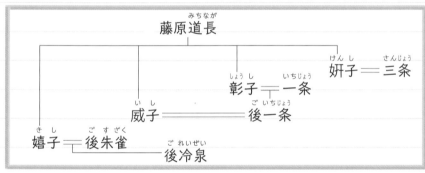

```
                    藤原道長
                                    妍子＝三条
                        彰子＝一条
             威子＝＝＝＝＝＝後一条
   嬉子＝後朱雀
            後冷泉
```

Point! 道長は，4人の娘を天皇のきさきにして，生まれた子どもを

次の天皇に立てることによって，天皇の祖父として権力をにぎった。

東アジアの様子

・日本 … 894年に＿＿＿＿＿の提案で遣唐使が停止される。

このころの唐は，国内の反乱でおとろえ始めていたため，派遣しても得られるものが少なかった。

遣唐使を白紙(894)にもどしたんだね。

・朝鮮半島 … ＿＿＿＿＿が朝鮮半島を統一する。

・中国 … 唐がほろび，979年に宋が中国を統一する。

平安時代の信仰

- _____宗 … 最澄が伝えた仏教の宗派。比叡山の延暦寺。
- _____宗 … 空海が伝えた仏教の宗派。高野山の金剛峯寺。

ひえ～,天才(てんさい)だ!

高野豆腐の真空パック

- 浄土信仰 … 死後に極楽浄土へ生まれ変わることを願う。
- 平等院鳳凰堂 … 藤原頼通が京都に造った阿弥陀堂。

平等院鳳凰堂 ▶

国風文化

- 源氏物語 … _____の長編小説。
- _____ … 清少納言の随筆。
- _____ … 紀貫之らがまとめた和歌集。

Point! この時代に仮名文字がつくられ,文学作品でも多く使われるようになった。

確認問題

(1) 藤原道長や頼通のころに全盛期を迎えた,摂政や関白を中心とする政治を何といいますか。　　〔　　　　　　〕

(2) 894年に遣唐使の停止を提案した人物はだれですか。　〔　　　　　　〕

(3) 唐にわたった最澄が日本に伝えた仏教の宗派を何といいますか。
　　　　　　　　　　　　　　　　　　　　　　〔　　　　　　〕

(4) 阿弥陀如来にすがって念仏を唱え,死後に極楽浄土へ生まれ変わることを願う信仰を何といいますか。　　〔　　　　　　〕

(5) 紫式部が書いた長編小説を何といいますか。
　　　　　　　　　　　　　　　　　　　　　　〔　　　　　　〕

5 院政と武士

動画をみながら＿＿＿をうめよう！

武士の成長

・10世紀ごろから，都や地方で武士が成長した。

➡ 天皇の住まいの警備などを担当した。

> 弓矢や馬などの戦いが優れた武官や豪族が武士と呼ばれるようになったよ。

・武士団の中でも源氏と平氏が特に力をつけていった。
東日本では源氏が，西日本では平氏が勢力をのばした。

> 源氏も平氏も天皇の子孫なんだよ。

・平将門の乱，藤原純友の乱 … 武士の朝廷に対する反乱。

➡ 朝廷も武士の力を認めるようになった。
　　　└─── 天皇が政治を行う場所

memo　〜院政が始まった理由〜

白河天皇は，自分の息子が幼いころに天皇を退いて，息子を天皇に立てた。幼い新天皇には政治ができないので，父の白河上皇が代わりに政治を行った。藤原氏などの勢力によって弱まっていた天皇の権力を，白河上皇は何とかして取りもどそうとしたのである。

上皇による政治
　　　　　　　　　　　　└─ 天皇を退いた人

・＿＿＿＿ … 上皇が中心となって行う政治。
　　　白河上皇が行った政治が代表的。

➡ 上皇は寺社を保護したため，寺社は多くの荘園を持ち，武装した僧により勢力を広げた。

勢力の対立

＿＿＿の乱（1156年）				＿＿＿の乱（1159年）		
後白河天皇	天皇家 ×	崇徳上皇		藤原通憲	貴族 ×	藤原信頼
藤原忠通	貴族	藤原頼長		平重盛	平氏	源頼朝
平清盛	平氏	平忠正		平清盛		源義平
源義朝	源氏	源為朝 源為義				源義朝

➡ 後白河天皇側が勝利。

➡ 源氏が敗れ，平氏が実権をにぎった。

平清盛の政治

・1167 年，平清盛が武士として初めて ＿＿＿＿＿＿＿＿ になる。

・＿＿＿＿＿＿ 貿易 … 宋（中国）との貿易。兵庫の港を整備した。

➡ 力をつけて朝廷での地位を確立した平氏に対して不満を持つ者が増え，

　源頼朝をはじめとする各地の武士が兵を挙げた。

・1185 年，＿＿＿＿＿＿ が，壇ノ浦（山口県）で平氏をほろぼした。

　　　　　　　── 源義朝の息子，源頼朝の弟

これも覚えよう

＜平安時代（794 年〜1185 年）の権力の移り変わり＞

　※（　）内はそれぞれの代表人物

　①天皇の時代（桓武天皇）　⇒　②貴族の時代（藤原道長）

⇒　③上皇の時代（白河上皇）　⇒　④武士の時代（平清盛）

確認問題

(1) 天皇が位をゆずって上皇になり，政治を行うことを何といいますか。

〔　　　　　　　〕

(2) 1156 年に起こり，天皇と上皇が対立し，後白河天皇側が勝った戦いを何といいますか。

〔　　　　　　　〕

(3) 1159 年に起こり，平氏が政治の実権をにぎるようになった戦いを何といいますか。

〔　　　　　　　〕

(4) 平清盛が武士として初めて就いた朝廷の役職を何といいますか。

〔　　　　　　　〕

(5) 平清盛が中国を相手に行った貿易を何といいますか。

〔　　　　　　　〕

(6) 壇ノ浦で平氏をほろぼした，源頼朝の弟はだれですか。

〔　　　　　　　〕

1 鎌倉幕府の成立

鎌倉幕府の成立

警察

・1185年，源頼朝が国ごとに　　　　　　　，

荘園や公領ごとに　　　　　を置くことを

朝廷に認めさせた。

土地の管理人

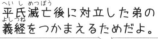

平氏滅亡後に対立した弟の
義経をつかまえるためだよ。

➡　　　　　幕府の成立

・1192年，源頼朝が　　　　　　　　に任命される。

➡ 将軍と配下の武士は主従関係を結んだ。

幕府（将軍）　　　　　　　　… 新しい領地を与える。　　　　　武士（御家人）

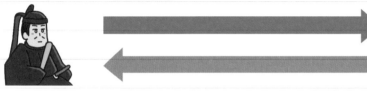

　　　　　… 幕府のために命をかけて戦う。

執権政治

将軍の次にえらい役職

・頼朝の死後，北条氏が　　　　　の役職に就き，幕府の実権をにぎった。

➡ 朝廷の勢力を回復させようと，後鳥羽上皇が1221年に

　　　　の乱を起こすが，失敗に終わった。

後鳥羽上皇

天皇中心の政治を取りもどすために，
倒幕を計画しましたが，
失敗して島流しになりました。

➡ 朝廷を監視するために，京都に　　　　　　　　が置かれた。

朝廷に二度と反乱を
起こさせないために，
見張ったんだね。

じい〜

鎌倉幕府のしくみ

```
                  ┌──── ____所 … 御家人の統率・軍事・警察
                  │     政所（まんどころ）… 財政・一般の政務
         執権 ─────┤     ____所 … 裁判
将軍 ─────┤        │
    評定衆（ひょうじょうしゅう）
         │        ├──── 六波羅探題（ろくはらたんだい）… 京都の警護・朝廷の監視・西日本の武士の統率
                  ├──── 守護（しゅご）… 国内の軍事・警察・御家人の統率
                  └──── 地頭（じとう）… 荘園や公領の管理・年貢（ねんぐ）の取り立て・警察
```

・御成敗式目（ごせいばいしきもく）（貞永式目（じょうえい））… 1232 年，執権北条泰時（やすとき）が政治の判断の基準を定めた。

武士独自の法で，武士の法律の見本になった。

五目（ごもく）ごはん

呼んだ？

御成敗式目は
食べ物じゃないっ！
簡単に言えば，
武士が守るべき法律
のことだよ。

― 守護の職務は京都の御所を警備し，
　犯罪人の取りしまりをすることに限る。
― 武士が 20 年間実際に土地を支配していれば，
　その権利を認める。

▲御成敗式目の一部

確認問題

(1) 1185 年に国ごとに置くことが認められた役職を何といいますか。

〔　　　　　　　〕

(2) 鎌倉時代の主従関係で，将軍が御家人に新しい領地をあたえることを何といいますか。

〔　　　　　　　〕

(3) 鎌倉時代の主従関係で，御家人が将軍のために命をかけて戦うことを何といいますか。

〔　　　　　　　〕

(4) 朝廷の勢力を取りもどすために後鳥羽上皇が起こした反乱を何といいますか。

〔　　　　　　　〕

(5) 朝廷を監視するために京都に置かれた役職を何といいますか。

〔　　　　　　　〕

2 鎌倉時代の人々のくらしと鎌倉文化

地頭の支配

・領主に断りなく，＿＿＿＿＿＿が勝手に土地や農民を支配するようになる。

 ➡ 地頭と領主が支配権を争い合う。

・農民は領主と地頭の支配に苦しんだ。

 ➡ 集団で村をはなれるなど，団結して抵抗した。

「新しくやってきた地頭が，今までの荘園（しょうえん）の慣習を無視したり武力で支配したりするんだ。」

ある村の農民

「ひどい！抵抗しよう！」

武士の生活

・武芸の訓練を行い，「弓馬（きゅうば）の道」「武士（もののふ）の道」などの心構えを大切にした。

・農村に住んで，領主として農業を営んだ。

・惣領（そうりょう）が亡（な）くなったり引退したりすると，あとつぎ以外の子にも土地が相続された。

 ➡ 女性も相続する権利があった。

民衆の生活

・農業の技術が進歩したことで，農地の開発が進み，作物の収穫（しゅうかく）量が増えた。

・二毛作（にもうさく）… 同じ田畑で2種類の異なる作物を交互（こうご）に作ること。

 鎌倉（かまくら）時代には米と麦の二毛作が始まった。

「地理で習う「二期作（にきさく）」とは別物なので，注意しよう！」

・寺社の門前や交通の便利なところで＿＿＿＿＿＿を開催（かいさい）した。

鎌倉文化

- 「　　　　　　　　　」… 後鳥羽上皇の命令で編さんされた歌集。
- 「徒然草」…　　　　　　　　　が書いた随筆。
- 「方丈記」… 鴨長明が書いた随筆。
- 「　　　　物語」… 武士の戦いをえがいた文学。琵琶法師によって語られた。
    - 作者は不明
- 　　　　　　　　　… 東大寺南大門にある，運慶らが作った像。

~テストに出る~

問．平家物語が書かれた時代はいつか？　　答．鎌倉時代

「平家」と聞くと，どうしても平安時代が思いうかぶけど，「平家物語」は平氏の滅亡をえがいた作品だから，平氏がほろびたあとでないと書けないよね。

鎌倉時代の新しい仏教　※（　　）内は開祖の名前

- 　　　　宗（法然）
- 浄土真宗（親鸞）
- 時宗（一遍）
- 日蓮宗（日蓮）
- 臨済宗（栄西）
- 曹洞宗（　　　　　）

確認問題

(1) 寺社の門前や交通の便利な場所に開かれた市を何といいますか。
〔　　　　　　　　〕

(2) 後鳥羽上皇の命令でまとめられた歌集を何といいますか。
〔　　　　　　　　〕

(3) 兼好法師の随筆を何といいますか。　　〔　　　　　　　　〕

(4) 琵琶法師によって伝えられた武士の戦いをえがいた文学を何といいますか。
〔　　　　　　　　〕

(5) 東大寺にある，運慶らが作った像を何といいますか。〔　　　　　　　　〕

(6) 念仏を唱えれば極楽浄土に生まれ変われると法然が説いた仏教を何といいますか。
〔　　　　　　　　〕

3 モンゴル帝国とユーラシア世界

動画▶をみながら＿＿をうめよう！

モンゴル帝国

・1206年，＿＿＿＿＿＿＿＿＿＿が

モンゴル帝国を建設した。

チンゲンサイ

エビフライ

➡ 子孫が中国西部や西アジア，ヨーロッパに

領土を広げた。

・1271年，＿＿＿＿＿＿＿＿＿＿がモンゴル

から中国にかけた地域の国名を元とした。

キミたちの
ことじゃないよ…。

➡ 各地の他民族の宗教，言語を認めて

他国と交流を行った。

これも覚えよう

中国の王朝はかなりひんぱんに変わっている。

殷 ⇒ 周 ⇒ 秦 ⇒ 漢 ⇒ 三国 ⇒ 隋 ⇒ 唐 ⇒ 宋 ⇒ 元

⇒ 明 ⇒ 清 ⇒ 中華民国 ⇒ 中華人民共和国

鎌倉時代はココ

モンゴルの襲来

・フビライ・ハンは元に従うようにと日本に使者を送った。

➡ 北条時宗は元の要望を無視した。

高麗は元に従った。日本も元と
友好を結ぼうではないか。
武力は使いたくないから，
よく考えてほしい。

フビライ・ハン

……（無視）

北条時宗

・＿＿＿＿の役 … 1274年に元軍が日本に

攻め入ったが，高麗との対立もあって，

引きあげた。

・＿＿＿＿の役 … 1281年に再び元軍が日

本に攻め入ったが，暴風雨などのせいで

上陸できずに，引きあげた。

元軍　幕府軍
▲文永の役の様子

Point! 元が二度にわたって日本に襲来したことを元寇という。

鎌倉幕府の滅亡

・生活苦の御家人のために 　　　　令が出される。

御家人の借金を取り消す

領地の質入れや売買は,御家人の生活が苦しくな
る原因となるため,今後は禁止する。
…御家人以外の武士や庶民が,御家人から買った
土地については,売買後の年数に関係なく返さな
ければいけない。

◀永仁の徳政令

命をかけて元軍と
戦ったのに新しい土地は
もらえなかったんだ！
幕府には不満があるよ！

武士（御家人）

・　　　　　　天皇が,朝廷に実権を取りもどすために,幕府をたおそうとした。

➡ 一度は失敗して追放された。

➡ 楠木正成などの新しく成長した武士や,

　　　　　　や新田義貞などを新たに味方にして,

1333年に幕府をほろぼした。

「生活苦の御家人は,悲惨（13）でさんざん（33）だった」
⇒「鎌倉幕府の滅亡は1333年」と覚えよう。

確認問題

(1) モンゴル帝国を建設した人物はだれですか。

〔　　　　　　　　　〕

(2) 1274年に元軍が日本に襲来した戦いを何といいますか。

〔　　　　　　　　　〕

(3) 1281年の元軍による二度目の襲来を何といいますか。

〔　　　　　　　　　〕

(4) 御家人の借金を取り消す法律を何といいますか。

〔　　　　　　　　　〕

(5) 足利尊氏を味方にして鎌倉幕府をほろぼした天皇はだれですか。

〔　　　　　　　　　〕

4 室町幕府の成立と南北朝の内乱

時代	年代	できごと
室町（むろまち）	1334	後醍醐天皇が＿＿＿＿＿の新政を始める。
		天皇中心の政治を復活させるぞ！ 後醍醐天皇
		➡ 武士を軽んじて貴族を重視したため，武士の不満が高まった。
		当時の社会を批判した文章が残っているよ。
		「二条河原落書（にじょうがわらのらくしょ）」 このごろ都ではやっているものは、夜襲、強盗、天皇のにせの命令だ。…急に低い身分から大名になる者がいれば、路頭に迷う者が出てくる…
	1336	後醍醐天皇の政治に不満を持った＿＿＿＿＿が兵を挙げ，京都に新しい天皇をたてた。
		武士を軽んじるやり方は許せない！ 足利尊氏（あしかがたかうじ）
		➡ 建武（けんむ）の新政は2年ほどで終わり，後醍醐天皇は吉野（よしの）（奈良県）にのがれた。
		➡ 二つの朝廷（ちょうてい）が生まれ，争いが約60年間続く＿＿＿＿＿時代となる。 北朝（京都）／南朝（奈良）
	1338	北朝の天皇が足利尊氏を征夷大将軍（せいいたいしょうぐん）に任命する。 足利尊氏が京都に＿＿＿＿幕府を開く。
		➡ 室町時代のはじまり。
	1392	3代将軍＿＿＿＿＿が南北朝を統一する。

室町幕府のしくみ

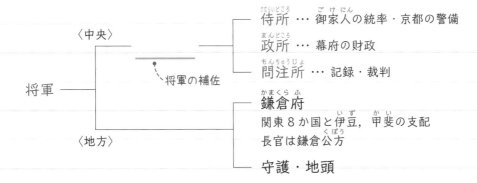

〈中央〉

将軍 ── 将軍の補佐

- 侍所（さむらいどころ）… 御家人（ごけにん）の統率・京都の警備
- 政所（まんどころ）… 幕府の財政
- 問注所（もんちゅうじょ）… 記録・裁判

〈地方〉

- 鎌倉府（かまくらふ）
  関東8か国と伊豆（いず），甲斐（かい）の支配
  長官は鎌倉公方（くぼう）
- 守護・地頭

・守護は，領地を拡大し多くの家来を持って力をつけ，＿＿＿＿＿＿＿＿に成長した。

幕府から強い権限をあたえられていた守護が力をつけたよ。

すごい大名だね！

これも覚えよう

土倉（どそう）… 金融業者（きんゆう）のこと。京都でお金の貸し付けなどを行っていた。幕府は土倉を保護する代わりに税を取って収入を得ていた。

酒屋（さかや）もお金の貸し付けをしていたよ。

確認問題

(1) 後醍醐天皇が行った，貴族を重視する政治を何といいますか。

〔　　　　　　　〕

(2) 京都と奈良に二つの朝廷が生まれ，約60年間争っていた時代を何といいますか。

〔　　　　　　　〕

(3) 京都と奈良の二つの朝廷を統一した室町幕府の3代将軍はだれですか。

〔　　　　　　　〕

(4) 室町幕府で，将軍を補佐する役職を何といいますか。

〔　　　　　　　〕

(5) 国内の武士をまとめて，力を持つようになった守護を何といいますか。

〔　　　　　　　〕

5 室町時代の外交と産業

東アジアとの交流

●中国

・14世紀に漢民族が＿＿＿＿＿を建国。

・足利義満が日明貿易（＿＿＿＿＿貿易）を開始。

◀勘合

（正式な貿易船にもたせた証明書。
左半分を日本，右半分を明が持ち，
合い札のようにして確かめた。）

memo ～勘合貿易～

当時，中国の船をおそって
品物をうばう，倭寇という
海賊のような悪者が横行し
ていた。
「自分たちは倭寇じゃない」
ということを証明するため
に，勘合が使われた。

＜日明貿易での日本の輸出品と輸入品＞

輸出品	刀・銅・硫黄・漆器など
輸入品	銅銭（明銭）・生糸・絹織物など

これも覚えよう

宋銭・明銭 … 日明貿易で中国のお金が大量に日本に入った。
定期市の取り引きに使用された。

▼明銭「永楽通宝」

●朝鮮

・14世紀に李成桂が＿＿＿＿＿を建国。

・幕府や守護大名が貿易船を送って，
綿織物や仏教の経典を輸入した。

15世紀にはハングル
文字が生まれたよ。

●琉球

・現在の沖縄。15世紀に尚氏が＿＿＿＿＿王国を建国。

・日本や中国，朝鮮半島，東南アジアと中継貿易を行った。

他の国から輸入したものを
別の国に輸出する貿易

▼中継貿易の例

```
          刀              刀
日本 ───────→ 琉球王国 ───────→ 中国（明）
    ←───────         ←───────
      生糸              生糸
```

●蝦夷地

・現在の北海道。_____民族が暮らしていた。

・本州や樺太（サハリン）・ユーラシア大陸と交易を行った。

商業の発展

・_____…馬を使って物資を運ぶ。

・_____…運送業をかねた倉庫業者。

・土倉や商人などが同業者ごとに_____と呼ばれる

団体を作り，営業を独占した。

私が運んだんだよ！

村の自治

・農村では，_____という自治組織を作り，村のおきてを定めた。

村のおきて
一　集まり（寄合）があることを知らせているのに二度出席
　　しなかった者は，五十文のばつをあたえる。
一　森林の苗木を切った者は，五百文のばつをあたえる。

きちんと守らないと，
罰金をとられて
しまったんだよ…。

・15世紀には，借金の帳消しなどを求めて_____が起こった。

➡ 近畿地方を中心に広がった。

確認問題

(1)　日明貿易の正式な貿易船にもたせた証明書を何といいますか。

〔　　　　　　　　　　　〕

(2)　15世紀に尚氏が建国し，中継貿易で栄えた国を何といいますか。

〔　　　　　　　　　　　〕

(3)　馬を使って物資を運ぶ陸上の輸送業者を何といいますか。

〔　　　　　　　　　　　〕

(4)　土倉や商人などが同業者ごとに作り，営業を独占した団体を何といいますか。

〔　　　　　　　　　　　〕

(5)　有力な農民を中心にして作られた農村の自治組織を何といいますか。

〔　　　　　　　　　　　〕

6 応仁の乱と戦国大名

動画をみながら＿＿＿をうめよう！

応仁の乱

・8代将軍 ＿＿＿＿＿＿ のとき，将軍のあとつぎ問題をめぐり，

有力な守護大名（だいみょう）が対立する ＿＿＿＿＿ の乱が起こった。

└----1467年から11年間続いた

今でたとえると，
次期総理大臣を決めるために
11年間も戦（いくさ）を続けた，
ということか…。

この時代は国会や選挙
なんてなかったから，
戦で決めるしか
なかったんだね。

戦国大名の登場

・応仁の乱で京都は焼け野原になり，幕府の力が低下した。

➡ 各地の武士が領地をうばった。

➡ 家来が主人に打ち勝つ ＿＿＿＿＿＿ の風潮が広がり，

国を統一して支配する戦国大名が各地にあらわれた。

> **memo** 〜戦国大名〜
> 家来が守護大名の地位をうばったり，守護大名が幕府から独立したりして誕生した。

▼主な戦国大名

毛利元就（もうりもとなり）　上杉謙信（うえすぎけんしん）　武田信玄（たけだしんげん）　今川義元（いまがわよしもと）

ドラマやゲームで
見たことがある！

➡ 戦国大名が活躍（かつやく）する ＿＿＿＿＿ 時代をむかえる。

・戦国大名は城下町を造り，独自の ＿＿＿＿＿ 法を定めて支配を強めた。

└----商工業者を呼んで経済を活性化

分国法（武田氏の例）
－ けんかした者は，どんな理由でも処罰（しょばつ）する。
－ 許可なく他国へおくり物や手紙を送ってはいけない。

室町文化

・北山文化 … 貴族と武士の文化が混ざり合った文化。

_____ … 3代将軍足利義満が建てた。

金箔が貼られていて豪華！

・東山文化 … 禅宗の影響を受けた質素で落ち着いた文化。

_____ … 8代将軍足利義政が建てた。

書院造(たたみ,ふすまなどがある和室)の様式

実は銀が使われていない…

東山文化は、「わび・さび」という簡素で気品がある文化だよ。

・民衆の文化 …

民衆の生活を表した狂言が演じられた。

_____ という絵入りの物語が読まれた。

「浦島太郎」「一寸法師」など

これも覚えよう

一向一揆 … 浄土真宗（一向宗）の信仰で結びついた武士と農民が起こした権力への抵抗運動。

確認問題

(1) 下の身分の者が上の身分の者に対して実力で打ち勝つ風潮を何といいますか。

〔　　　　　　　　　〕

(2) 応仁の乱で幕府が力を失い，各地で戦国大名が活躍した時代を何といいますか。

〔　　　　　　　　　〕

(3) 戦国大名が国を支配するために作った独自の法律を何といいますか。

〔　　　　　　　　　〕

(4) 禅宗の影響を受けた東山文化を代表する，足利義政が建てた別荘を何といいますか。

〔　　　　　　　　　〕

(5) 「浦島太郎」や「一寸法師」などの絵入りの物語を何といいますか。

〔　　　　　　　　　〕

1 中世ヨーロッパ・イスラム世界

中世ヨーロッパとキリスト教

・4世紀，古代ローマ帝国（ていこく）は東西に分裂（ぶんれつ）した。

　キリスト教がヨーロッパ各地に広がり，

　人々の考えや生活に影響（えいきょう）をあたえた。

・東ヨーロッパ … 正教会

・西ヨーロッパ … カトリック教会

イエスが開いたキリスト教はクリスマスを祝うよ。

　　　　　　頂点にはローマ＿＿＿＿＿（法王）が立つ。

イスラム世界

年代	できごと
7世紀	アラビア半島にイスラム帝国が成立する。
	➡ 8世紀までに中央アジアからイベリア半島まで支配を広げた。
13世紀	モンゴル帝国の支配を受ける。
15世紀	＿＿＿＿＿帝国がビザンツ帝国を征服（せいふく）する。
16世紀	インドにムガル帝国が成立する。

・ムスリム（イスラム教徒）の商人が

　インド洋の交易の主な担（にな）い手となった。

十字軍

キリスト教・イスラム教・ユダヤ教の聖地

・11世紀，イスラム教の国が聖地エルサレムを占領（せんりょう）した。

　➡ キリスト教世界で危機感が高まる。

・ローマ教皇の呼びかけに応じた西ヨーロッパ諸国の王や

　貴族が＿＿＿＿＿軍を組織して，エルサレムを取りもどそうとした。

　➡ 失敗するが，イスラム世界の文化がヨーロッパに伝えられた。

イスラム世界の文化ってどんなものがあるの？

たとえば，数学・科学・医学などの学問は，イスラムからヨーロッパに伝えられたんだよ。

ルネサンス

・14世紀から16世紀のヨーロッパで，古代の文化を復興しようとする

　　　　　　　　　　　（文芸復興）が広がった。

➡ 人間そのものに価値を認めて，

　　いきいきとした人間の姿を表現した。

◀モナ・リザ
（レオナルド・ダ・ヴィンチ）

宗教改革

・宗教改革 … 16世紀，ローマ教皇が免罪符を売り出したことを批判して，

ドイツの　　　　　　やスイスのカルバンが始めた。

免罪符を持っていると，犯した
罪が免除されますよ。

ローマ教皇

キリスト教を悪用しない
でください。

ルター

➡ 賛同した者は　　　　　　　　　　（抗議する者）とよばれた。

　　カトリック教会は対抗して，　　　　　　　　会を中心に改革を始めた。

「イエズス」の「゛」の位置を
間違えないようにしよう。

─────────────────────────────

確認問題

(1)　15世紀のイスラム世界で，ビザンツ帝国を征服した帝国を何といいますか。

〔　　　　　　　　　　〕

(2)　聖地エルサレムを取りもどすために西ヨーロッパ諸国の王や貴族が組織した軍
を何といいますか。　　　　　　　　　　　　　　　　　〔　　　　　　　　　　〕

(3)　14世紀から16世紀にかけて，ヨーロッパで古代の文化を復興しようとする
運動をカタカナで何といいますか。　　　　　　　　　〔　　　　　　　　　　〕

(4)　ドイツで宗教改革を始めた人物はだれですか。　　〔　　　　　　　　　　〕

(5)　カトリック教会がプロテスタントに対抗して行った改革の中心となった組織を
何といいますか。　　　　　　　　　　　　　　　　　〔　　　　　　　　　　〕

2 ヨーロッパ人の海外進出，信長と秀吉

動画をみながら　　をうめよう！

ヨーロッパ人の海外進出

年代	できごと
1492	＿＿＿＿＿がアメリカ大陸の近くに到達（とうたつ）する。
1498	バスコ・ダ・ガマがインドに到達する。
1522	＿＿＿＿＿の船隊が世界一周に成功する。
	➡ ヨーロッパはアメリカ大陸やアジアに植民地を広げた。
1543	種子島（たねがしま）に＿＿＿＿＿が伝来する。

└‥‥‥ ポルトガル人が伝えた武器

ヨーロッパ人の来日

・1549 年，イエズス会の宣教師＿＿＿＿＿が日本にキリスト教を伝えた。

　➡ 民衆の間に信仰（しんこう）が広まった。

ザビエル

ザビエルさんは
スペインの人だよ。

仲間とイエズス会
をつくりました。

・布教や貿易のために来日したポルトガル人やスペイン人を南蛮人（なんばんじん）と呼んだため，

　かれらとの貿易を＿＿＿＿貿易という。

チキン南蛮も，南蛮人の
料理が元になっているよ。

織田信長（おだのぶなが）の業績

・1573 年，室町（むろまち）幕府をほろぼした。

・長篠（ながしの）の戦いで鉄砲（てっぽう）を活用した。

・自由に商売をさせるために，安土（あづち）城下で＿＿＿＿・＿＿＿＿を行った。

　‥‥だれでも自由に商売ができる

・キリスト教を保護した。

・安土城下で関所を廃止（はいし）した。

全国統一を目前にして，部下の明智（あけち）
光秀（みつひで）によって，本能寺（ほんのうじ）で自害に追い
込まれてしまったのじゃ。無念。

織田信長

豊臣秀吉の業績

・1590 年，全国統一を果たした。

・田畑の面積などを調べて，予想収穫量などを

　記録する　＿＿＿＿＿＿＿＿　を行った。

・一揆を防ぐため，百姓や寺社から武器を取り上げる

　＿＿＿＿＿＿＿＿　を行った。

・明を征服するために朝鮮に大軍を送った。

　1 回目 … 文禄の役 ， 2 回目 … 慶長の役

明との戦いに苦戦して
いる間に，病死してし
まったのじゃ。無念。

豊臣秀吉

これも覚えよう

バテレン追放令 … 豊臣秀吉はキリスト教を危険視し，宣教師の国外追放を命じた。

桃山文化

・大名や豪商の権力や富を背景に繁栄した，活気がある豪華な文化。

・狩野永徳などの画家は金銀やあざやかな色を使って絵をえがいた。

・＿＿＿＿＿＿＿　が茶の湯を大成させ，大名たちの間で流行した。

確認問題

(1)　1522 年に世界一周を成功させた船隊の中心人物はだれですか。

〔　　　　　　　　　〕

(2)　日本にキリスト教を伝えたイエズス会の宣教師はだれですか。

〔　　　　　　　　　〕

(3)　ポルトガル人やスペイン人と行った貿易を何といいますか。

〔　　　　　　　　　〕

(4)　織田信長が行った，安土城下での市の税の免除や座の廃止をする政策を何といいますか。

〔　　　　　　　　　〕

(5)　全国の土地を調査して，予想収穫量を記録した，豊臣秀吉が行った土地政策を何といいますか。

〔　　　　　　　　　〕

3 江戸幕府の成立と支配の広がり

動画をみながら＿をうめよう！

徳川家康（とくがわいえやす）の業績

・1600 年，＿＿＿＿＿＿の戦いに勝ち，全国支配の実権をにぎった。

・1603 年，征夷大将軍（せいいたいしょうぐん）に任命され，＿＿＿＿＿幕府を開いた。

➡ 1614 年，1615 年の二度にわたる大阪の陣で豊臣氏（とよとみ）をほろぼし，

幕府の基礎（きそ）を固めた。

幕藩（ばくはん）体制の確立

・幕府は全国に大名を配置して，各地を支配させた。

・幕府と藩が全国の土地と民衆を支配することを幕藩体制という。

> memo　〜藩〜
>
> 各地に配置した大名の領地とそれを
> 支配する組織のことを藩という。

➡ 幕府は，大名を 3 種類に分け，配置を工夫した。

・親藩 … 徳川氏の一族。

・＿＿＿＿＿大名 … 関ヶ原の戦いの前から徳川氏に従っていた大名。

・外様大名（とざま）… 関ヶ原の戦いの後に徳川氏に従った大名。

外様大名は江戸（えど）から遠い土地に配置
して，反乱を起こしにくくさせたよ！

信用していなかっ
たんだね！

・幕府は＿＿＿＿＿＿＿という法律をつくり，大名を統制した。

― 城を修理するときは，必ず幕府に申し出る
こと。新しい城は造ってはいけない。

― 幕府の許可なく，結婚してはいけない。　◀武家諸法度（しょはっと）の一部

・3 代将軍徳川家光（いえみつ）が＿＿＿＿＿＿を定め，

1 年おきに大名が領地と江戸を往復する

ことを義務づけた。

大名

領地と江戸を往復
する費用がかさん
で，大変だよ…。

➡ 幕府への反乱を起こさないようにした。

身分制度

幕府は身分制度を整えて，人々を支配した。

・武士 … 支配身分として政治を行った。

特権として，日常的に
刀を持つこと(帯刀)や
名字を名乗ることが許されました。

・町人 … 商人や職人で，幕府や藩に営業税を納めた。
・百姓 … 土地を持つ本百姓，土地を持たない水のみ百姓に分かれた。

村ごとに年貢を納めた。➡ 武士の生活を支えた。

＿＿＿＿＿＿＿＿の制度を作り，連帯責任を負わせた。

一人の失敗は皆の責任！
年貢を納めているかなど
を監視し合うよ。

・えた身分，ひにん身分 … ほかの身分から厳しく差別された。

これも覚えよう

禁中並公家中諸法度 … 武家諸法度と同じ年に作られた法律で，
天皇の役割や朝廷の運営方針を定めた。

確認問題

(1) 徳川家康が全国支配の実権をにぎることになった1600年の戦いを何といいますか。　〔　　　　　　　　　〕

(2) 江戸時代の大名を3つに区別したとき，親藩，外様大名とあと1つは何ですか。　〔　　　　　　　　　〕

(3) 大名が許可なく城を修理することを禁止するなど，大名を統制するために作られた法律を何といいますか。　〔　　　　　　　　　〕

(4) 1年おきに大名が領地と江戸を往復することを義務づけた制度を何といいますか。　〔　　　　　　　　　〕

(5) 年貢の納入や犯罪の防止のために連帯責任を負わせる，百姓たちの間につくらせた制度を何といいますか。　〔　　　　　　　　　〕

4 江戸幕府と鎖国

動画 ▶ をみながら ＿＿をうめよう！

時代	年代	できごと
江戸（えど）	1601	朱印船貿易（しゅいんせんぼうえき）が始まる。 ┄┄ 徳川家康（とくがわいえやす）が東南アジアと行った貿易 ＿＿＿＿状を発行した。 ➡ 東南アジアの各地に，日本町（にほんまち）が生まれた。
	1612	家康は幕領（ばくりょう）にキリスト教禁止令を出す。 ┄┄ 幕府が直接支配した土地。
		領主への忠義より，神への信仰（しんこう）を大切にするキリスト教…なんて危険なんじゃ！ 徳川家康
	1624	スペイン船の来航を禁止する。
	1635	徳川家光（いえみつ）が日本人の海外渡航（とこう）・帰国を禁止する。 ➡ 朱印船貿易も停止する。
	1637	＿＿＿＿＿＿一揆（いっき）が起こる。 ┄┄ キリスト教の取りしまりなどに抵抗（ていこう）して，天草四郎（あまくさしろう）が起こした ➡ 幕府に鎮圧（ちんあつ）される。
	1639	ポルトガル船の来航を禁止する。
	1641	オランダ商館を長崎（ながさき）の＿＿＿＿に移す。

memo　〜鎖国（さこく）〜

外交を制限する幕府の体制を鎖国と呼ぶ。鎖国は幕末まで続いた。

▼出島

〜テストに出る〜

問．1639年に来航が禁止された国はどこか？　　　答．ポルトガル

スペインとかオランダとかいろいろな国が出てくるからまぎらわしいが，スペインはもっと早くに禁止され，オランダは最後まで禁止はされていない。
「ポルトガルさん，今までいろいろサンキュー（1639）」と覚えよう。ポルトガルには，貿易などでいろいろお世話になったから，幕府としては最後まで悩んだんだね。

江戸時代の対外関係

 江戸幕府は，キリスト教の布教を行わない国や民族に対しては，鎖国をせずに，つながりを持ったんだよ。

 完全に鎖国して世界から孤立したわけではないんだね！

・オランダ，清（中国）… 幕府が長崎で貿易を独占した。

・朝鮮 … ＿＿＿＿＿＿藩（長崎県）の仲立ちで国交が回復した。

　　　　　　朝鮮通信使が日本に派遣された。

・琉球王国 … 江戸幕府の許可を得て，薩摩藩（鹿児島県）が征服した。

・蝦夷地 … 松前藩（北海道）が支配。

　➡ 17世紀後半，不公平な交易に不満を持った先住民の＿＿＿＿＿民族は，

　　首長の＿＿＿＿＿＿＿＿＿＿を中心に，戦いを起こした。

これも覚えよう

絵踏 … 幕府がかくれているキリスト教信者を探すために，キリスト像や聖母マリア像を足で踏ませて，こばんだ者を処罰した。

絵踏の様子▶

確認問題

(1) 朱印船貿易で，徳川家康が東南アジアへの渡航を許可するために発行したものを何といいますか。　〔　　　　　　　〕

(2) 1637年に，キリスト教信者への迫害や年貢の取り立てに苦しんだ人々が起こした一揆を何といいますか。　〔　　　　　　　〕

(3) 1641年にオランダ商館が移されたのは長崎のどこですか。

〔　　　　　　　〕

(4) 将軍の代がわりごとに，朝鮮から派遣された祝いの使節を何といいますか。

〔　　　　　　　〕

(5) 17世紀後半，アイヌの人々が松前藩に対して起こした戦いの中心となった首長はだれですか。　〔　　　　　　　〕

5 江戸時代の産業の発達

農業の発達

・幕府や藩(はん)は，年貢(ねんぐ)を増やすために新田開発を行った。

18世紀初めには，豊臣秀吉(とよとみひでよし)のころより，農地の面積が約2倍に増えたよ！

農地が増えた分，農作業が大変そう…。

➡ 新しい農具が発達して生産力が向上した。

・_____

… 鉄製で深く耕せる農具。

・_____

… 効率的に脱穀(だっこく)ができる農具。

農具もパワーアップしたんだね！

交通路の整備

・陸路 …

　幕府は五街道(ごかいどう)をはじめ，主要な道路を整備した。

　➡ 関所を置き，人々の通行を監視(かんし)した。

・海路 …

　大量消費地の江戸(えど)と各地をつないだ。

　南海路では京都や大阪で作られた

　上質の品物が運ばれた。

　西廻(まわ)り航路・東廻り航路では

　東北地方や北陸地方の年貢を輸送した。

陸路では，飛脚(ひきゃく)が走り回って荷物を運んだよ！

　― 五街道
　↔ 関所

西廻り航路
東廻り航路
大阪
京都
江戸
南海路

商工業の発展

・17世紀後半には，江戸・京都・大阪の三都が発展した。

　江戸 … 「将軍のおひざもと」と呼ばれ，人口100万人を超えた。

　京都 … 学問や文化の中心地で，西陣織（にしじん）などの工芸品を生産した。

　大阪 … 「＿＿＿＿＿　の　＿＿＿＿＿」と呼ばれ，全国の商業の中心地になった。

　　　　蔵屋敷（くらやしき）が置かれ，年貢米や特産物が売られていた。

　　　　　　　　　⌐--商人の同業者組合

・都市では，＿＿＿＿＿＿＿が営業を独占（どくせん）した。

・農民にお金や機械を前貸しして製品を作らせ，安く買い取る生産方式を

　＿＿＿＿＿＿＿＿工業といい，18世紀に発達した。

・工場を建てて人を雇（やと）い，分業で製品を作らせる生産方式を＿＿＿＿＿＿工業

　（マニュファクチュア）といい，19世紀に発達した。

これも覚えよう

寛永通宝（かんえいつうほう）… 江戸時代に使われた銅銭。全国に流通させたため，
今まで使われていた明銭（みんせん）などは使われなくなった。

▲寛永通宝

確認問題

(1) 江戸時代に開発された，効率的に脱穀が行える農具を何といいますか。

〔　　　　　　　　　〕

(2) 全国の商業の中心地だったことから，大阪は何とよばれていましたか。

〔　　　　　　　　　〕

(3) 幕府や藩に税を納めるかわりに，営業を独占する権利を認められた商人の同業者組合を何といいますか。

〔　　　　　　　　　〕

(4) 農民にお金や機械を貸して布を織らせ，できた布を買い取る生産方式を何といいますか。

〔　　　　　　　　　〕

(5) 工場を建てて人を雇い，分業で製品を作らせる生産方式を何といいますか。

〔　　　　　　　　　〕

第4章 近世

6 幕府政治の動き

時代	年代	できごと
江戸	1680	＿＿＿＿が5代将軍になる。 ➡ ＿＿＿＿学の奨励 ➡ 生類憐みの令の制定 　　└‥‥ 極端な動物愛護令 かっぱも愛護されたかな？
	1716	8代将軍＿＿＿＿が＿＿＿＿の改革を始める。 ・上げ米の制 … 参勤交代の期間を短縮するかわりに米を納めさせる制度。 ・新田開発 … 年貢を増やす政策。 　➡ 幕府の財政が一時的に回復した。 ・目安箱 … 民衆の意見を聞く。 ・＿＿＿＿ … 裁判の基準になる法律。 　― 人を殺してぬすんだ者は，引き回しの上獄門 　― 追いはぎをしたものは獄門 　　└‥‥江戸幕府で将軍の次にえらい人
	1772	田沼意次が老中になる。 ・株仲間の奨励 ・長崎貿易の奨励 　➡ わいろが横行するなどして，幕府に対する批判が高まった。 そういえば，田沼意次の政治には「○○の改革」って名前がつかないんだね…。
	1783	浅間山の大噴火の影響で食料不足になり，農民の反乱が起こった。

時代	年代	できごと
江戸	1787	老中松平定信が ＿＿＿＿＿＿ の改革を始める。 ・出かせぎの禁止 ・借金帳消し **memo** 〜田沼政治と松平政治のちがい〜 田沼意次の政治 … わいろが横行して批判が高まった。 松平定信の政治 … 厳しい政治をして逆に不評だった。
	1837	＿＿＿＿＿＿＿＿＿ が反乱を起こす。（大塩の乱） ➡ 苦しい生活をする人々に米や金を分けあたえようとした。
	1841	老中水野忠邦が ＿＿＿＿＿＿ の改革を始める。 ・株仲間の解散 ・倹約令

これも覚えよう

ききん … 災害や異常気象で農作物が作れず，食料不足になること。
　　　享保のききん（徳川吉宗のころ），天明のききん（田沼意次〜松平定信の
　　　ころ），天保のききん（水野忠邦のころ）が有名。

確認問題

(1) 徳川綱吉が奨励した，主従関係や上下関係を大切にする学問を何といいますか。

〔　　　　　　　〕

(2) 徳川吉宗が制定した，裁判の基準になる法律を何といいますか。

〔　　　　　　　〕

(3) 昌平坂学問所を作った松平定信が行った改革を何といいますか。

〔　　　　　　　〕

(4) 生活苦の人々を救うため，大塩平八郎が起こした乱を何といいますか。

〔　　　　　　　〕

(5) 株仲間を解散させるなど，水野忠邦が行った改革を何といいますか。

〔　　　　　　　〕

7 江戸時代の文化

元禄文化 ●-----「元禄」は当時の元号からとった言葉

・17世紀から18世紀初めに，上方（京都・大阪）を中心に栄えた町人文化。

　経済力をつけた町人が，文化の担い手になった。

〈文学〉

・浮世草子（小説）… 井原西鶴

・俳諧（俳句）… ＿＿＿＿＿＿＿ ●-----「奥の細道」の作者

・人形浄瑠璃の脚本 … ＿＿＿＿＿＿＿

　　　- - -人形劇

〈美術〉

・装飾画 … 俵屋宗達，尾形光琳

・＿＿＿＿絵 … 菱川師宣

見返り美人図▶

（菱川師宣）

「師宣の美女こそ江戸女」
と言われて人気だったよ！

〈学問〉

・朱子学 … 儒教の教えを学ぶ学問。

　　　　　5代将軍徳川綱吉や儒学者の＿＿＿＿＿＿＿が推奨。

　　　　　　　　　- - - 6，7代将軍に仕えた

化政文化 ●-----「化政」は，当時の元号の「文化」「文政」を略した言葉

・19世紀前半，江戸（東京）を中心として栄えた町人文化。

　庶民も文化の担い手になった。

〈文学〉

・俳諧（俳句）… 与謝蕪村，小林一茶

・「東海道中膝栗毛」… 十返舎一九

・「南総里見八犬伝」… 滝沢馬琴

〈美術〉

・浮世絵 … _____（風景画），歌川広重（風景画），
多色刷りの版画

　　喜多川歌麿（美人画）

〈学問〉

・「古事記伝」… _____

・「_____」… 杉田玄白，前野良沢

　　　　ヨーロッパの解剖書を翻訳して出版

　➡ 蘭学の基礎を築いた。

・日本地図… _____ が測量して作った。

〈教育〉

・町や農村に _____ が開かれ，

　子どもに読み・書き・そろばんなどが教えられた。

富嶽三十六景▶
（葛飾北斎）

浮世絵は，当時の民衆の間で大流行したんだって！

寺子屋の様子▶

これも覚えよう

藩校 … 各地の藩で人材の育成を図るために作られた。

確認問題

(1) 「奥の細道」を書き，俳諧を芸術まで高めた人物はだれですか。

〔　　　　　　　　　〕

(2) 人形浄瑠璃の脚本を数多く残した人物はだれですか。

〔　　　　　　　　　〕

(3) 杉田玄白らがヨーロッパの解剖書を翻訳して出版した書物を何といいますか。

〔　　　　　　　　　〕

(4) 歌川広重と並んで風景画を得意とし，「富嶽三十六景」などの作品をえがいた
人物はだれですか。

〔　　　　　　　　　〕

(5) 庶民の子どもが読み・書き・そろばんを学びに行った施設を何といいますか。

〔　　　　　　　　　〕

8 イギリス・アメリカ・フランスの革命

近世ヨーロッパ

・ヨーロッパの多くは君主制だったが，各国で革命が起こった。
    └──── 一人の支配者(君主)が統治する国家のこと

➡ 啓蒙思想が革命を後おしした。

啓蒙思想家	思想
ロック	社会契約説と抵抗権を唱えた。
＿＿＿＿＿＿＿＿＿	法の精神と三権分立を説いた。
＿＿＿＿＿＿＿＿	社会契約説と人民主権を主張した。

これらの思想は，近代の世界に大きな影響をあたえた。

本や雑誌などで，思想が世界に広まったよ。

イギリス革命

・17世紀半ばのイギリスでは，国王が議会を無視して政治を行っていた。

➡ 反乱が起きて，国王が処刑された。（＿＿＿＿＿＿＿＿＿＿革命）

➡ 共和政が始まった。

➡ 再び，国王が議会を無視しだした。

➡ 国王が追放された。（＿＿＿＿革命）

➡ 議会を尊重する王が選ばれて，「権利章典」が定められた。

> **memo** ～革命後のイギリスの政治体制～
> ・立憲君主制 … 憲法に基づいて君主が政治を行う。
> ・議会政治 … 国民が議員を選び，議会で政治を行う。

・18世紀後半，＿＿＿＿＿＿革命が始まった。

➡ ＿＿＿＿＿＿主義に発展した。
    └──── 競争しながら自由に生産・販売をする経済の仕組み

アメリカの革命

・18世紀半ばまで，アメリカはイギリスによって植民地支配されていた。

➡ イギリスの支配に抵抗する運動が起こった。（独立戦争）

➡ ＿＿＿＿＿＿宣言が発表された。

・独立後のアメリカは，奴隷制を認めるかどうかについて，北部と南部で争っていた。

➡ 1861年，北部と南部の争いが起こった。（南北戦争）

➡ ＿＿＿＿＿＿＿大統領が奴隷解放宣言を出して，北部の勝利に終わった。

フランスの革命

・17世紀後半のフランスでは，国王が議会を開かずに政治をしていた。   ┈┈絶対王政

➡ 1789年，絶対王政に抵抗する運動が起きた。（フランス革命）

➡ ＿＿＿＿＿宣言が発表された。

第1条　人間は生まれながらに自由で平等な権利を持つ。

人権宣言の一部▶

・革命中に戦争に発展したが，軍人のナポレオンの活躍で革命が終わった。

ナポレオン

ナポリタン

ぼくたちは兄弟です。

ちがいます！

こうやって見ると，イギリスとフランスは，「自分勝手な王様に抵抗して革命を起こした」という点で，流れがよくにているね。

確認問題

(1) 法の精神と三権分立を説いた人物はだれですか。

〔　　　　　　　〕

(2) 社会契約説と人民主権を主張した人物はだれですか。

〔　　　　　　　〕

(3) 「権利章典」が制定されたのは，イギリスの何という革命の直後ですか。

〔　　　　　　　〕

(4) 奴隷解放宣言を発表したアメリカの大統領はだれですか。

〔　　　　　　　〕

(5) フランス革命で発表された，人間としての自由や平等を唱えた宣言文を何といいますか。

〔　　　　　　　〕

9 欧米のアジア侵略と日本の開国

欧米のアジア侵略

年代	できごと
19世紀前半	イギリス・清・インドの間で三角貿易が行われた。
1840	清（中国）がアヘンを厳しく取りしまったため，イギリスがアヘン戦争を起こした。————麻薬の一種
	➡ ＿＿＿＿＿条約によって，勝利したイギリスに有利で，清にとって不利な不平等条約が結ばれた。
1851	清では，賠償金のため課した重税によって，＿＿＿＿＿の乱が広まった。
1857	イギリスの支配下にあったインドで不満が高まり，インド大反乱が起こった。

▼三角貿易

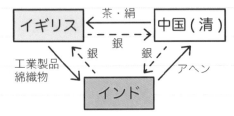

イギリスはインドで栽培したアヘンを清に売って，利益を得ていたんだね。

日本の開国

・1853年，アメリカのペリーが浦賀に来航した。

開国は，いやでござんす！

ペリー

アメリカの貿易船などの寄港地にしたいから，日本には開国してほしいのです。

・1854年，＿＿＿＿＿条約が結ばれる。
➡ 下田（静岡県）と函館（北海道）の2港が開かれた。

・1858年，＿＿＿＿＿条約が結ばれる。
‐‐‐‐ 日本にとって不利な不平等条約

> **memo** ～日米修好通商条約の不平等事項～
>
> ①領事裁判権を認める … 外国人が日本で事件を起こしたとき，日本ではなく外国の領事が裁判を行う権利を認める。
>
> ②関税自主権がない … 日本が輸入される商品にかける関税を独自に決める権利がない。

「～を認める」と「～がない」のちがいにも要注意だね。

開国後の日本

・天皇を敬い，外国の勢力を排除して鎖国体制を守ろうとする尊王攘夷運動が高まった。

・1866 年，薩摩藩（鹿児島県）と長州藩（山口県）が ＿＿＿＿＿＿＿ 同盟を結び，倒幕を目指した。

薩摩藩

西郷どんでごわす。

西郷隆盛（さいごうたかもり）　大久保利通（おおくぼとしみち）

長州藩

木戸孝允（きどたかよし）

・1867 年，15 代将軍 ＿＿＿＿＿＿＿ が政権を朝廷に返した。（大政奉還）
　➡ 江戸幕府の滅亡。

・朝廷は ＿＿＿＿＿＿＿ の大号令を出し，天皇中心の政治を宣言した。

・1868 年，新政府は，抵抗する旧幕府軍を降伏させた（戊辰戦争）。

確認問題

(1) 下田と函館を開港することなどを定めた，日本とアメリカが結んだ条約を何といいますか。　〔　　　　　　　　〕

(2) 日本に関税自主権がなく，アメリカの領事裁判権を認めた条約を何といいますか。　〔　　　　　　　　〕

(3) 薩摩藩と長州藩が倒幕を目指して協力体制をとるために結んだ同盟を何といいますか。　〔　　　　　　　　〕

(4) アヘン戦争の結果，清とイギリスが結んだ，清にとって不利な条約を何といいますか。　〔　　　　　　　　〕

(5) 重税とアヘン戦争後の社会不安から 1851 年に清で起こった混乱を何といいますか。　〔　　　　　　　　〕

1 明治維新(1)

動画 ▶ をみながら ___ をうめよう!

新政府の成立と明治維新

・新しい政治の方針である ＿＿＿＿＿＿＿＿＿ が定められる。

― 広く会議を開いて, 全ての政治を人々の話し合い
　によって決めること。
― 知識を世界に求め, 天皇の政治の基礎にすること。

◀五箇条の御誓文の一部

めいじ
明治天皇

> これからは, 天皇の名のもとに
> 政治を行っていく。

・藩主に土地と人民を政府に返させる

＿＿＿＿＿＿＿ が行われる。

> 江戸幕府が最後に行った
> 「大政奉還」と
> 間違えないように!

・1871 年, 藩を廃止して, 県を置く ＿＿＿＿＿＿＿ が行われる。

➡ 各県に県令(後の県知事)を置いた。

➡ 薩摩, 長州, 土佐, 肥前の出身者が実権をにぎったことから
　藩閥政府と呼ばれた。

> 政府の命令だから,
> 1871
> いやなひとも
> 廃藩置県を
> 受け入れたよ!

・皇族以外の身分制度が廃止される。　➡ 解放令が出される。

　　　　　　　　　　　　　　‥‥‥‥ えた・ひにん身分を平民と同じ身分にした

Point! 実際には解放令が出たあとも, 職業や結婚, 住む場所などの差別が根強く続いた。

富国強兵

欧米諸国に対抗するために明治政府が行った,

日本を豊かで強い国にするための政策をまとめて ＿＿＿＿＿＿ という。

・学制 … 満6歳になった男女を小学校に通わせることが義務になった。

・＿＿＿＿令 … 満20歳になった男子は兵役の義務を負った。

・ _____ … 土地の所有者に地券を発行し，地価の 3% を現金で納めさせた。

  ➡ 毎年一定の金額の税が納められ，国の財政が安定した。

  ➡ 土地の所有者にとって負担となり，4 年後に 2.5% に引き下げられた。

・殖産興業 … 明治政府が近代化を目指して取り組んだ産業。

  ➡ _____ 製糸場（群馬県）などの官営模範工場が造られた。

文明開化と新しい思想

欧米の文化が採り入れられ，人々の生活が大きく変化したことを _____ という。

・れんが造りの建物，ランプ，洋服，牛肉などが広まった。

・暦が太陰暦から _____ に変わり，1 日 24 時間，1 週間 7 日と定められた。

・「学問のすゝめ」… _____ が人間の平等を説いた。

天は人の上に人をつくらず，人の下に人をつくらず…

福沢諭吉

確認問題

(1) 明治新政府の政治方針を示したものを何といいますか。
〔　　　　　　　　〕

(2) 1869 年に大名に土地と人民を政府に返させたことを何といいますか。
〔　　　　　　　　〕

(3) 1871 年に藩を廃止して県を置いたことを何といいますか。
〔　　　　　　　　〕

(4) 富岡製糸場など，新政府が新しい産業を興すために造った工場を何といいますか。
〔　　　　　　　　〕

(5) 満 20 歳になった男子は兵役の義務を負うという法令を何といいますか。
〔　　　　　　　　〕

2 明治維新(2)

 動画 ▶
をみながら
＿＿をうめよう！

時代	年代	できごと
明治（めいじ）	1871	＿＿＿＿使節団を欧米（おうべい）に派遣（はけん）する。
		➡ 不平等条約の改正交渉（こうしょう）が失敗に終わる。
		欧米を回り，日本の国力が不十分だと感じました。近代化を進める必要があります！
		岩倉具視（いわくらとみ）
		＿＿＿＿＿＿＿条規を結ぶ。
		➡ 清（しん）（中国）と対等な内容の条約。
		征韓（せいかん）論の主張が高まる。
		武力で朝鮮（ちょうせん）に開国をせまりましょう！
		西郷隆盛（さいごうたかもり）
		➡ 政府は分裂（ぶんれつ）し，西郷隆盛や板垣退助（いたがきたいすけ）らが政府を去った。
	1875	ロシアと＿＿＿＿＿＿＿交換（こうかん）条約を結ぶ。
		➡ 国境を確定させた。
		樺太・千島交換条約後の 日本とロシアの領土▶
	1876	日朝修好（にっちょう）条規を結ぶ。
		➡ 朝鮮にとって不平等な条約を結んだ。
		あれっ，日本が欧米諸国におし付けられた条約とにている…。
	1879	琉球藩（りゅうきゅうはん）を廃止（はいし）して＿＿＿＿県が置かれる。
		➡ 琉球処分

時代	年代	できごと
明治	1886	ノルマントン号事件が起こる。 イギリス船が沈没。 日本人の乗客全員が水死した。 ⬇ イギリス領事裁判所は イギリス人船長に軽いばつを あたえただけだった。 ➡ 不平等条約改正の世論が高まる。
	1894	外相・陸奥宗光による不平等条約の改正。 ➡ イギリスとの間の ＿＿＿＿＿＿ 権を撤廃。
	1911	外相・小村寿太郎による不平等条約の改正。 ➡ アメリカとの間の ＿＿＿＿＿＿ 権を回復。

これも覚えよう

屯田兵 … 農業を兼業する兵士。日本各地から北海道へ移住し、開拓を進めた。

確認問題

(1) 明治新政府が欧米視察のために派遣した使節団を何といいますか。

〔　　　　　　　　〕

(2) 1871 年に日本が清と対等な立場で結んだ条約を何といいますか。

〔　　　　　　　　〕

(3) ロシアと日本の国境を確定するために 1875 年に結んだ条約を何といいますか。

〔　　　　　　　　〕

(4) 1894 年に陸奥宗光がイギリスとの条約を改正して、撤廃に成功したものを何といいますか。

〔　　　　　　　　〕

(5) 1911 年に小村寿太郎がアメリカとの条約を改正して、回復に成功したものを何といいますか。

〔　　　　　　　　〕

第5章　近代

3　立憲制国家の成立

動画 ▶ をみながら＿＿をうめよう！

時代	年代	できごと
明治 （めいじ）	1874	＿＿＿＿＿＿＿の建白書が提出される。 議会を開設して，国民の意見を政治に反映させましょう！ 板垣退助（いたがきたいすけ） ➡ ＿＿＿＿＿＿運動に発展した。 ‐‐‐‐民衆が政治に参加する権利を目指した運動
	1877	改革で特権がうばわれたことを不満に思う士族が 反乱を起こすようになる。 ➡ 西郷隆盛（さいごうたかもり）を中心に＿＿＿＿戦争が起こる。 ‐‐‐‐士族最大規模にして最後の反乱 ➡ 政府に鎮圧（ちんあつ）される。
	1880	＿＿＿＿＿＿同盟が結成される。 ‐‐‐‐国会の開設を政府に求めるための組織 国会開設は難しいかな… いや！歯を食いしばってがんばろう！
	1881	国会開設の勅諭（ちょくゆ）が発表される。 ➡ 1890年までの国会開設が約束された。 国会開設に備えて，政党が結成される。 ・＿＿＿＿党 … 党首：板垣退助（いたがきたいすけ） ・＿＿＿＿党 … 党首：大隈重信（おおくましげのぶ） 現在の「政党」というものは，このころに始まったんだね。

時代	年代	できごと
明治	1885	内閣制度ができた。 初代内閣総理大臣は _____。 国会開設に向けて,ドイツやオーストリアで憲法について学びました。 伊藤博文
	1889	_____ 憲法が発布される。 ➡ 天皇主権であることが憲法に明記された。
	1890	第一回 _____ が開かれる。 衆議院議員では, 1年に直接国税 _____ 円以上を納める満 _____ 歳以上の 男子のみに衆議院議員の選挙権があたえられた。 **memo** 〜有権者の数〜 当時の有権者は,全人口の1.1%しかいなかった。 教育の基本方針として教育勅語が出される。 天皇を敬い,国を愛することなどが書かれている

確認問題

(1) 1874年に板垣退助が国会開設を求めて政府に提出したものを何といいますか。 〔　　　　　　　　　〕

(2) 国民の自由や政治に参加する権利を求めた運動を何といいますか。 〔　　　　　　　　　〕

(3) 大隈重信が党首を務めた政党を何といいますか。 〔　　　　　　　　　〕

(4) 1889年に発布された,日本で最初の近代的憲法を何といいますか。 〔　　　　　　　　　〕

(5) 1890年の第一回衆議院議員総選挙では,満何歳以上の男子に選挙権がありましたか。 満〔　　　　　〕歳以上

4 条約改正と日清戦争

動画をみながら＿＿をうめよう！

時代	年代	できごと
明治(めいじ)	1894	朝鮮(ちょうせん)で＿＿＿＿＿＿戦争が起きる。 ┄┄朝鮮の宗教団体による，外国人の排除(はいじょ)運動 ➡ 反乱をおさえるために，清(しん)と日本が出兵した結果， 　軍隊が衝突(しょうとつ)して戦争が起こった。 ➡ ＿＿＿＿＿戦争が始まる。 ➡ 日本軍が優勢のまま終結。
	1895	┄┄ 山口県 ＿＿＿＿＿条約が結ばれる。 ▼下関条約の内容 ・清は朝鮮の独立を認める。 ・清は＿＿＿＿＿半島，台湾(たいわん)，澎湖諸島(ほうこ)を日本へゆずる。 ・清は賠償金(ばいしょう)2億両(テール)を支払う。 ➡ ロシア・ドイツ・フランスによる三国干渉(かんしょう)が起こる。

「日清戦争で，1894人は苦しんだと思うよ…。」

「遼東半島(りょうとう)を清に返しなさい！！」

ロシア　　ドイツ　　フランス

➡ 対抗(たいこう)できず，

日本はこれを受け入れた。

「くやしい…！」

「ロシアは清をねらっていたから，邪魔(じゃま)な日本に圧力をかけたんだね。」

日清戦争後の日本

・国民意識が定着する。

 自分たちは日本人である！

 かっぱである！

・ロシアへの対抗心が高まる。

➡ 軍備の拡張を行い，国力を高める。

➡ 政府と政党の連携が進む。

こうした政策を進めるためには，議会で予算を承認してもらう必要があったよ。

・1900 年，伊藤博文が ＿＿＿＿＿＿＿＿ 会を結成した。

日清戦争後の世界

・朝鮮が独立し，大韓帝国（韓国）が成立した。
・ロシアが遼東半島と大連の領土を租借した。

----- 他の国の領土の一部を借り受けること。

確認問題

(1) 1894 年に朝鮮で腐敗した役人の追放や外国人の排除を目指して起こった戦争を何といいますか。　　〔　　　　　　　　　　〕

(2) (1)に出兵した清と日本の軍隊が衝突して起こった戦争を何といいますか。
　　　　　　　　　　　　　　　　　　　　　　　〔　　　　　　　　　　〕

(3) 戦争で勝利した日本と清が 1895 年に結んだ講和条約を何といいますか。
　　　　　　　　　　　　　　　　　　　　　　　〔　　　　　　　　　　〕

(4) 1895 年の講和条約で，日本が手に入れることが決まった領地は，澎湖諸島，台湾とあと 1 つはどこですか。　　〔　　　　　　　　　　〕

(5) 伊藤博文が党首となって 1900 年に結成された党を何といいますか。
　　　　　　　　　　　　　　　　　　　　　　　〔　　　　　　　　　　〕

5 日露戦争と戦後の東アジア

動画をみながら＿＿＿をうめよう！

時代	年代	できごと
明治（めいじ）	1900	清で＿＿＿＿＿事件が起こる。 ┈┈ 清の外国排除（はいじょ）勢力が暴動を起こした事件
	1902	日本とイギリスが＿＿＿＿同盟を結んだ。 Point! 日本もイギリスも，この当時はロシアと対立していた。 　　　利害関係が一致（いっち）したため，同盟の締結（ていけつ）につながった。 ➡ 日本国内でロシアとの開戦論が起こる。 ➡ 社会主義者の幸徳秋水（こうとくしゅうすい）やキリスト教徒の内村鑑三（うちむらかんぞう）らは 　開戦に反対したが，政府は開戦にふみ切った。
	1904 〜 1905	＿＿＿＿＿戦争が始まる。 ➡ 日本軍は苦戦し，ロシアでは国内で 　革命が起こるなどして，戦争の継続（けいぞく）が困難となった。 ➡ 1905年5月の日本海海戦に日本が勝利したのを機に， 　終結した。 日本は勝利したけど，引き分けに近い状況（じょうきょう）だったんだね。
	1905	アメリカの仲介（ちゅうかい）によって＿＿＿＿＿＿＿条約が結ばれる。 ┈┈ アメリカ ▼ポーツマス条約の内容 ・ロシアは日本の韓国（かんこく）における優越権（ゆうえつ）を認める。 ・日本は旅順（りょじゅん）・大連（だいれん）の租借権（そしゃく），南満州（みなみまんしゅう）の鉄道利権， 　北緯50度以南の樺太（からふと）（サハリン）を得る。 ➡ 圧勝とはならなかったことから，ロシアから 　賠償金（ばいしょう）が得られず，そのことに不満を持った 　日本国民は激しく政府を非難し，暴動にまで発展した 　（日比谷焼き打ち事件）。

日露戦争後の日本と世界情勢

・韓国 … 1910 年，日本が＿＿＿＿＿＿併合を行い，朝鮮総督府を設置した。

　➡ 植民地支配は 1945 年まで続いた。

どうして「韓国併合」なのに「朝鮮総督府」なの？

朝鮮は，独立直前は「大韓帝国」という名前だったけど，日本に併合されたときに「朝鮮」に名前がもどったんだよ。

・中国 … 革命運動が起こり，＿＿＿＿＿＿が三民主義を唱えた。

私が唱えた三民主義とは，
① 民族の独立
② 政治的な民主化
③ 民衆の生活の安定　です。

孫文

　➡ 1912 年，中華民国が建国された。

これも覚えよう

辛亥革命 … 清の国内で各省が独立を宣言し，南京で
　　　　　 中華民国の建国が宣言された一連の出来事。
　　　　　 指導者は孫文。首都を北京に移し，
　　　　　 初代大総統には袁世凱が就任した。

確認問題

(1) 1902 年に日本とイギリスが結んだ同盟を何といいますか。

〔　　　　　　　　　　〕

(2) 国内の世論を受け，1904 年に日本が開戦にふみ切った戦争を何といいますか。

〔　　　　　　　　　　〕

(3) 日本とロシアが結んだ(2)の戦争の講和条約を何といいますか。

〔　　　　　　　　　　〕

(4) 韓国を併合した日本が，韓国を支配するために設置した機関を何といいますか。

〔　　　　　　　　　　〕

(5) 中国で三民主義を唱えた人物はだれですか。

〔　　　　　　　　　　〕

6 産業革命と近代文化の形成

産業革命

・日清戦争のころ，軽工業が発展した。

官営の＿＿＿＿＿製鉄所（福岡県）が

操業を開始する。

➡ 日清戦争の賠償金で造られた。

・日露戦争のあと，重工業が発達した。

用語を確認しよう！

memo　〜軽工業と重工業〜

軽工業 … 紡績や製糸などの
　　　　　軽いもの

重工業 … 鉄鋼や造船などの
　　　　　重量があるもの

社会の変化

・交通機関が発達した。

➡ 軍事や経済において，鉄道が利用された。

・三井，三菱，住友，安田などの資本家が＿＿＿＿＿に成長した。

➡ さまざまな業種に進出した。

社会問題

・労働問題 … 紡績業や製糸業では多くの女性が働いていた。

　　　　　　低い賃金で長時間の労働をしていた状況を改善するために，

　　　　　　労働条件の改善を求めて労働組合が結成され始めた。

政府は労働条件を定めた法律を作った
けれど，なかなか改善されなかったよ。

・公害問題 … 足尾銅山（栃木県）付近で水質汚染などの公害が問題となった

　　　　　　（足尾銅山鉱毒事件）。

衆議院議員の＿＿＿＿＿は鉱毒問題を明治天皇に直訴した。

鉱山の操業停止や，
被害を受けた人々の
人権を守るために
生涯をかけて戦いました。

田中正造

水質汚染は，
人やかっぱの生活に
被害をあたえたよ。

近代の文化・学問

欧米文化を取り入れた新しい日本の文化が流行した。

●美術

- ・フェノロサ，岡倉天心 … 日本美術の復興に努めた。
- ・横山大観（日本画），高村光雲（彫刻）… 欧米の手法を取り入れた。
- ・＿＿＿＿＿＿ … フランスに留学し，印象派の明るい画風を紹介した。

●文学

- ・樋口一葉 …「たけくらべ」
- ・＿＿＿＿＿＿ …「坊っちゃん」
- ・＿＿＿＿＿＿ …「舞姫」

  ➡ 話し言葉（口語）のままで文章を書くようになった。

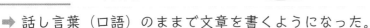

●医学

野口英世

- ・北里柴三郎 … 破傷風の治療法を発見した。
- ・＿＿＿＿＿＿ … 黄熱病の研究を行った。

> 黄熱病の研究中に，
> 自分も感染して
> 死んでしまいました。

プチ情報 〜2種類の1000円札〜

2024年から発行される1000円札には北里柴三郎が，
2024年まで発行された1000円札には野口英世が，
それぞれえがかれている。

確認問題

(1) 資本主義の発展によって成長した三井，三菱，住友，安田などの大資本家を何といいますか。　〔　　　　　　〕

(2) 足尾銅山鉱毒事件の解決に向けて活躍し，天皇に直訴した人物はだれですか。
　〔　　　　　　〕

(3) 「たけくらべ」を書いた女性の文学者はだれですか。
　〔　　　　　　〕

(4) 「坊っちゃん」や「吾輩は猫である」などの著者はだれですか。
　〔　　　　　　〕

(5) 黄熱病の研究を行った医師で，のちにお札にえがかれた人物はだれですか。
　〔　　　　　　〕

7 第一次世界大戦と国際協調の時代

動画をみながら　　をうめよう！

ヨーロッパ諸国の対立

・＿＿＿＿＿＿＿…イギリス，フランス，ロシアの協力関係。

・＿＿＿＿＿＿＿…ドイツ，オーストリア，イタリアの軍事同盟。

　➡ 軍事力をつけて対立した。

・バルカン半島は「ヨーロッパの火薬庫」と呼ばれ，危険な情勢だった。

「い～，ふ　ろ」
（イギリス フランス ロシア）
だね。

「ど　お　いた」しまして！
（ドイツ オーストリア イタリア）

第一次世界大戦

＿＿オーストリアの皇太子夫妻がセルビア人に暗殺された

・1914年にサラエボ事件がおこる。

　➡ オーストリアがセルビアに宣戦布告する。

　➡ 各国が参戦し，＿＿＿＿＿＿＿＿＿＿が始まった。

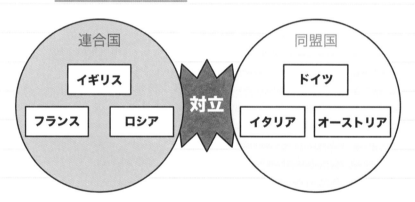

連合国

イギリス

フランス　**ロシア**

対立

同盟国

ドイツ

イタリア　**オーストリア**

　➡ イタリアはオーストリアと対立し，開戦後に連合国側に移った。

　➡ 日本は，イギリスと日英同盟を結んでいたので，

　　連合国側で戦った。

第一次世界大戦に行く意思を固めて，
いろいろな国が参戦したよ。
（1914）

・戦時中にロシアでは指導者＿＿＿＿＿＿＿の下（もと），ロシア革命が起こった。

　➡ 史上初の社会主義の政府ができた。

　　＿＿＿＿資本主義を批判（ひはん）して，平等な社会を目指す考え方

　➡ 1922年，ソビエト社会主義共和国連邦（れんぽう）（ソ連）が成立した。

国際協調

・1919 年，勝利した連合国はドイツと ＿＿＿＿＿＿＿＿ 条約を結んだ。

　➡ ドイツの弱体化を目指した。 -------- フランスの地名

ベルサイユ条約の一部 ▶ ・植民地を失い，ドイツの領土を縮小する。
　　　　　　　　　　　　　　・多額の賠償金を支払い，軍備を縮小する。

・ドイツは，国を立て直すために，1919 年に ＿＿＿＿＿＿＿ 憲法を制定した。

・アメリカのウィルソン大統領が民族自決の原則を唱えた。

　➡ 東ヨーロッパで多くの民族が独立した。

・1920 年，世界平和と国際協調を目的とする ＿＿＿＿＿＿ が発足した。

　➡ 紛争を解決する手段が限られ，影響力は弱かった。

・1921 年から 1922 年にかけて ＿＿＿＿＿＿ 会議が開かれた。

　➡ 海軍の軍備の制限などを行った。

これも覚えよう

新渡戸稲造 … 国際連盟の事務次長を務め，国際平和のために力をつくした。

確認問題

(1) イギリス，フランス，ロシアの 3 か国間の協力関係を何といいますか。

〔　　　　　　　　　〕

(2) ドイツ，オーストリア，イタリアの 3 か国間の軍事同盟を何といいますか。

〔　　　　　　　　　〕

(3) 第一次世界大戦で，各国が国民，経済，資源，科学技術を総動員して戦ったことを何といいますか。

〔　　　　　　　　　〕

(4) 1919 年にドイツと連合国との間で結ばれた講和条約を何といいますか。

〔　　　　　　　　　〕

(5) 1920 年に世界平和と国際協調を目的として発足した組織を何といいますか。

〔　　　　　　　　　〕

8 大正デモクラシーと政党内閣

動画 ▶ をみながら ___ をうめよう！

時代	年代	できごと
大正 （たいしょう）	1912	第一次 _____ 運動が起こる。 ┈ 憲法に基（もと）づく政治を守ることをスローガンとした Point! 民主主義が唱えられる風潮を大正デモクラシーという。 　　　　立役者は，民本主義を唱えた政治学者の吉野作造（よしのさくぞう）。 ┈ 欧米列強（おうべいれっきょう）の影響力（えいきょうりょく）が弱っていたため
	1915	中国に _____ の要求を示す。 ▼二十一か条の要求の一部 ・ドイツが持つ山東省（さんとう）の権益を日本が引きつぐこと。 ・日露戦争で得た旅順（りょじゅん），大連（だいれん）などの租借（そしゃく）期限を延長すること。
	1918	シベリア出兵が始まる。 ┈ 社会主義が広まらないよう，ロシア革命に干渉（かんしょう）した ➡ 米の買いしめが起き，値段が大幅に上がった。 ➡ 米の安売りを求める _____ が， 　　富山県の漁村で始まったのをきっかけに全国に広がった。 江戸（えど）時代に起こった打ちこわしとは別物なので，区別して覚えよう。 立憲政友会の原敬（はらたかし）が首相（しゅしょう）になる。 ➡ 陸軍・海軍・外務以外の大臣をすべて立憲政友会の 　　党員で組織した _____ が成立した。 「立憲政友会」は前に出てきた言葉だよ。覚えている？ 伊藤博文（いとうひろぶみ）が結成した党だ！
	1923	関東大震災（しんさい）が起こる。 ➡ 経済に大きな打撃（だげき）を受けた。

時代	年代	できごと
大正	1925	_____ 法が成立する。 ➡ 満 25 歳(さい)以上の男子全員に選挙権があたえられた。 `------ この時点では, まだ女性の選挙権はなかった` _____ 法が制定される。 ➡ 共産主義・社会主義を取りしまった。

アジアの民族運動

・中国 … _____ 運動が起こる。

  ➡ 反日運動が発展し, 孫文(そんぶん)が国内統一を目指した。

・朝鮮 … _____ 独立運動が起こる。

  ➡ 朝鮮総督府(そうとくふ)が武力で鎮圧(ちんあつ)した。

・インド … _____ の指導によって,

    イギリスに対する非暴力・不服従の

    抵抗(ていこう)運動が起こる。

memo ～独立運動～

独立運動とは,
植民地支配されている国が
独立を求めて起こす運動のこと。
朝鮮は日本によって
植民地支配されていたから,
「独立」という言葉がつく。
中国は植民地ではなかったので,
「独立運動」ではない。

確認問題

(1) 1915 年に日本が中国に対して, 山東省などの権益を求めた要求を何といいますか。 〔　　　　　　　　　〕

(2) シベリア出兵の影響から, 米の安売りを求めた運動を何といいますか。 〔　　　　　　　　　〕

(3) 原敬が行った, 陸軍・海軍・外務以外の大臣をすべて立憲政友会の党員で組織した内閣を何といいますか。 〔　　　　　　　　　〕

(4) 1925 年に成立した, 満 25 歳以上の男子に選挙権があたえられた法律を何といいますか。 〔　　　　　　　　　〕

(5) 中国で, 孫文が国内統一を目指すきっかけとなった反日運動を何といいますか。 〔　　　　　　　　　〕

9 社会運動の広がり，新しい文化

動画 ▶ をみながら ＿＿をうめよう！

社会運動の広がり

・経済の発展によって労働者が増えた。

　　➡ ストライキなどの＿＿＿＿＿＿＿＿が多発した。

労働条件を改善してもらえるまでは，働いてやらないぞ！

てやんでえ

・---- 土地を借りている農業従事者が土地所有者に支払う使用料のこと

・農村では，小作料（こさく）の減額を求めて＿＿＿＿＿＿が多発した。

　　➡ 日本農民組合が結成された。

・部落差別に苦しんだ人々は，1922年に＿＿＿＿＿＿＿を結成し，

　政府にたよらず自力で平等を勝ち取ろうとした。

1871年に解放令が出たことを学習したね。でも，実際には差別が続いていたんだよ。

・女性差別からの解放を目指して，＿＿＿＿＿＿＿は

　1920年に新婦人協会を設立した。

　　➡ 女性の政治団体加入や集会参加の権利を得た。

平塚らいてう（ちょう）

女性は実に太陽でした。でも今は月です。かくされてしまった太陽を今こそ取りもどさなくてはいけません。

・---- 納税額の基準が廃止（はいし）された

・第二次護憲運動が起き，加藤高明（かとうたかあき）内閣によって普通選挙法が成立した。

　　➡ 選挙権を持つ人は前回の法改正より約4倍に増えた。

・ロシア革命の影響（えいきょう）などで社会主義活動が活発になり，

　1922年に日本共産党が非合法に結成された。

　　➡ 社会主義者を取りしまる治安維持法（いじ）が制定された。

大正時代の文化

義務教育の広がりを背景に，一般大衆向けの文化が発展した。

● マスメディア

1925 年に ＿＿＿＿＿＿ 放送が始まり，

新聞とならぶ情報源になった。

> ラジオに出演したら，マイクに息を吸い取られて寿命が縮むと思われていたらしいよ！

● 活字文化

・ ＿＿＿＿＿＿＿＿＿ …「羅生門」「地獄変」

・志賀直哉 …「小僧の神様」「城の崎にて」

　➡ 個人を尊重した白樺派。

・ ＿＿＿＿＿＿＿＿＿ …「蟹工船」

　➡ プロレタリア文学（労働者が直面する現実）をえがいた。

● 欧米風の生活様式が広まり，働く女性が増えた。

> 大正時代って，想像していたよりも自由や多様性を大切にする時代だったんだね。

これも覚えよう

資本主義 … 資本家と労働者という形で，階級を二分化する考え方。
社会主義 … すべての資産を国有のものとし，貧富の差をなくそうとする考え方。

確認問題

(1) 部落差別に苦しむ人々が，差別からの解放を目指して 1922 年に結成した団体を何といいますか。　〔　　　　　　　〕

(2) 青鞜社や新婦人協会を設立して，女性の解放を唱えて活躍した人物はだれですか。　〔　　　　　　　〕

(3) 1925 年から始まった，当時新聞とならぶ情報源となったマスメディアを何といいますか。　〔　　　　　　　〕

(4) 「小僧の神様」などの著者で白樺派の小説家はだれですか。

　〔　　　　　　　〕

(5) 「蟹工船」などの著者でプロレタリア文学をえがいた人物はだれですか。

　〔　　　　　　　〕

第5章　近代

10 恐慌の時代と政党内閣の危機

動画をみながら＿＿＿をうめよう！

世界恐慌

1929 年，アメリカのニューヨーク株式市場で株価が大暴落した。

➡ 世界中に不況が広がり＿＿＿＿＿＿＿が起こった。

- - - - 日本はアメリカへの生糸の輸出が激減して昭和恐慌になった

●世界恐慌に対する各国の対応

・アメリカ … ＿＿＿＿＿＿＿＿＿＿＿＿（新規巻き直し）政策を行った。

➡ 公共事業をおこして失業者を助けた。

・イギリス，フランス … ＿＿＿＿＿＿＿経済を成立させた。

➡ 植民地との貿易を拡大し，他の国からの輸入品に高い関税をかけた。

・イタリア・ドイツ・日本 … 新たな領土を手に入れようとした。

・ソ連 … スターリンが行った＿＿＿＿＿＿計画で

社会主義（共産主義）の経済政策を採っていたため，影響を受けなかった。

➡ アメリカに次ぐ工業国になった。

~テストに出る~

問．ソ連だけが世界恐慌の影響をほとんど受けなかったのはなぜか？

答．社会主義（共産主義）の経済政策を採っていたから。

ソ連が掲げていた社会主義（共産主義）は，経済競争と貧富の差をなくすことを目指した動きだから，市場の好況・不況には影響を受けなかったんだよ。

ファシズムの台頭

・ファシズム … 個人の自由や民主主義を否定する考え方（全体主義）。

➡ イタリアやドイツで勢力をのばした。

・1922 年，イタリアでファシスト党の＿＿＿＿＿＿＿＿が首相になる。

・1933 年，ドイツでヒトラーが＿＿＿＿＿＿（国民社会主義ドイツ労働者党）政権を

樹立する。

➡ ユダヤ人を迫害し，独裁政治を行った。

当時のドイツでは，不況のために
貨幣の価値が極端に下がって，
1枚のお札が紙くず同然だったそうだよ。

政党内閣の危機

・憲政の常道 … 二大政党の党首が内閣を組織する慣例のこと。

加藤高明（か と う た か あ き）内閣が成立した1924年から

憲政会（後の立憲民政党）と立憲政友会が

交互（こう ご）に政権を担当した。

この当時は, 政権交代はめずらしいことじゃなかったんだね。

・1923年の　　　　　大震災（しんさい）をきっかけにして,

1927年の金融恐慌（きんゆう）, 1930年の昭和恐慌と, 深刻な不況が続いていった。

➡ 経済を支配していた財閥（ざいばつ）や, 汚職（お しょく）や政争をくり返す政党に,

国民の不信が高まった。

・浜口雄幸（はまぐち お さち）首相が, 中国との関係改善を図ったり,

イギリスやアメリカと協調してロンドン海軍軍縮条約を結んだりした。

memo ～浜口雄幸首相～

浜口首相が行った外交は, 一部の軍人や国家主義者から「天皇の権限の侵害（しんがい）である」と強く批判された。
そのため, 浜口首相は東京駅で狙撃（そげき）されて重傷を負い, 辞任に追いこまれた。

大日本帝国憲法（ていこく）下では, すべての政治や外交が天皇主導で行われていた。

確認問題

(1) 1929年に起こった, アメリカから世界に広まった急激な不況を何といいますか。〔　　　　　　　　　〕

(2) (1)に対してイギリスやフランスが行った, 植民地以外の国からの輸入品に高い関税をかける経済の仕組みを何といいますか。〔　　　　　　　　　〕

(3) (1)のころのソ連がスターリンの指導のもとで行った計画を何といいますか。〔　　　　　　　　　〕

(4) イタリアでファシスト党を率いて, 1922年に首相になった人物はだれですか。〔　　　　　　　　　〕

(5) ドイツでヒトラーが率いた, 国民社会主義ドイツ労働者党のことをカタカナ3文字で何といいますか。〔　　　　　　　　　〕

動画をみながら＿＿をうめよう！

時代	年代	できごと
昭和 （しょうわ）	1931	関東軍が柳条湖（りゅうじょうこ）の南満州鉄道（みなみまんしゅう）の線路を爆破（ばくは）した。
		➡ ＿＿＿＿＿事変が起こった。
	1932	＿＿＿＿＿の建国を宣言した。
		➡ 実質的に日本が支配した。
		1932（193 2）戦になって，満州国（まんしゅう）ができたよ。
		日本国内では新聞や民衆が，軍の行動を支持していたよ。
		＿＿＿＿＿事件で犬養毅首相（いぬかいつよしししゅしょう）が暗殺される。
		➡ 政党内閣の時代が終わった。
		軍人の首相（しゅしょう）が増えた。
	1933	日本が＿＿＿＿＿を脱退（だったい）する。
		➡ 国際的な孤立（こりつ）を深めた。
	1936	陸軍の青年将校が東京の中心部を占拠（せんきょ）した
		＿＿＿＿＿事件で数名の政治家が暗殺される。
		➡ 軍部が政治的な発言力を強めた。
		Point! 五・一五事件は 1932 年に，二・二六事件は 1936 年に起こっている。順番を間違（まちが）えないようにしよう。
	1937	中国の盧溝橋（ろこうきょう）付近で，日中両国軍が武力衝突（しょうとつ）。
		➡ ＿＿＿＿＿戦争が始まった。
		中国では…
		 内戦中の国民党と共産党が協力した。　　イギリスやアメリカが支援（しえん）した。

日本の戦時体制 ----- すべての人員と物資を戦争のために使うというきまり

・1938 年，＿＿＿＿＿＿＿＿＿法が制定された。

　➡ 政府は，議会の承認なしに労働力や物資を動員できるようになる。

・政党が解散して＿＿＿＿＿＿＿を再結成した。

　➡ 総力戦のため強力な政治体制を作った。

・軍国主義による教育

　…生活必需品の供給の制限，言論や思想の取りしまりなど，国民生活を統制した。

・植民地の朝鮮で＿＿＿＿＿＿政策が進められた。

memo 　～皇民化政策の内容～

・日本語の使用を義務づける。
・志願兵制度が実施される。
・日本式に姓名を改めさせる創氏改名を行う。

皇民化政策は台湾でも実施され，朝鮮や台湾の人々も戦争に動員された。

これも覚えよう

抗日民族統一戦線 … 日中戦争で中国の共産党と国民党が結んだ協力関係。

確認問題

(1) 1931 年に南満州鉄道の線路の爆破がきっかけとなって始まったできごとを何といいますか。〔　　　　　　　　〕

(2) 日本が 1933 年に脱退した組織を何といいますか。

〔　　　　　　　　〕

(3) 陸軍の将校らが 1937 年に首相官邸の占拠などを行った事件を何といいますか。〔　　　　　　　　〕

(4) 1938 年に定められた，議会の承認なしに政府が労働力や物資を動員できる法律を何といいますか。〔　　　　　　　　〕

(5) 朝鮮の人々に日本語の使用を強要したり，創氏改名をさせたりした日本の政策を何といいますか。〔　　　　　　　　〕

12 第二次世界大戦と戦時下の生活

動画をみながら　　　をうめよう!

時代	年代	できごと
昭和 （しょうわ）	1939	ドイツは対立していたソ連と ＿＿＿＿＿＿＿＿＿＿条約を結んだ。 ドイツがポーランドに侵攻（しんこう）し， ＿＿＿＿＿＿＿＿＿が始まった。
	1940	＿＿＿＿＿三国同盟が成立する。 ➡ 枢軸国（すうじく）と連合国の対立が明らかになる。

枢軸国　　　　　連合国

ドイツ　　　　　アメリカ

日本　　イタリア　　対立　　イギリス　　フランス

時代	年代	できごと
	1941	＿＿＿＿＿条約が成立する。 ➡ 日本は北方の安全を確保し，南部へ進出した。 ➡ 日本は，アジアの民族だけで繁栄（はんえい）する 「大東亜共栄圏（だいとうあきょうえいけん）」建設を唱えた。 アメリカとイギリスが＿＿＿＿＿＿憲章を発表する。 ➡ ドイツへの対決と戦後の平和構想を示した。 日本がハワイの真珠湾（しんじゅわん）を奇襲（きしゅう）・マレー半島に上陸して， ＿＿＿＿＿戦争が始まった。

戦で苦しんだ人は多かったと思う…。

ドイツの占領政策（せんりょう）

・ユダヤ人を差別し，強制収容所で労働させ殺害した。

・物資の取り上げや反抗（はんこう）する者への弾圧（だんあつ）などを行った。

➡ ヨーロッパ各地で，ドイツへの抵抗運動（ていこう）
（＿＿＿＿＿＿＿＿＿）が起きた。

約600万人のユダヤ人が亡くなったよ。

戦時下の日本の暮らし

・疎開 … 空襲が激しくなり，都市の小学生が親と離れて農村に移動した。

・＿＿＿＿＿＿＿＿ … それまで徴兵されなかった大学生なども兵士として戦場へ送られた。

・＿＿＿＿＿＿＿＿ … 中学生・女学生などが軍需工場で働かされた。

日本の降伏

└--- 日本の無条件降伏などを求めた

・7月 ＿＿＿＿＿ 連合国が ＿＿＿＿＿＿＿ 宣言を発表。 ➡ 日本は黙殺。

・8月6日 アメリカが広島に ＿＿＿＿＿＿＿（原爆）を投下。

・8月8日 日ソ中立条約を破り，ソ連が日本に宣戦布告。

・8月9日 アメリカが長崎に原爆を投下。

・8月14日 ポツダム宣言を受け入れる。

・8月15日 昭和天皇が降伏したことを国民に知らせた。

これも覚えよう

枢軸国のドイツ，イタリア，日本は，最終的に連合国によって敗れるが，
3国が一気に降伏したわけではない。
1943年9月 イタリアが降伏 ⇒ 1945年5月 ドイツが降伏
⇒ 1945年8月 日本が降伏

確認問題

(1) 1940年に日本がドイツ・イタリアと結んだ同盟を何といいますか。
〔　　　　　　　　　　〕

(2) 1941年に日本がハワイの真珠湾やイギリス領のマレー半島を攻撃したことで始まった戦争を何といいますか。 〔　　　　　　　　　　〕

(3) ヨーロッパ各地で起こったドイツへの抵抗運動を何といいますか。
〔　　　　　　　　　　〕

(4) 徴兵を猶予されていた大学生などが軍隊に召集されたことを何といいますか。
〔　　　　　　　　　　〕

(5) 1945年に日本が受け入れた，日本の無条件降伏を示した宣言を何といいますか。
〔　　　　　　　　　　〕

1 占領下の日本

動画　をみながら＿＿をうめよう!

連合国軍による占領

・連合国軍最高司令官総司令部（＿＿＿＿＿）による間接統治が採られた。

最高司令官は＿＿＿＿＿＿＿＿。

　➡ 戦後改革が進められた。

・占領政策の基本方針 … 非軍事化・民主化

私が,最高司令官だ。

マッカーサー

非軍事化

・連合国の脅威にならないよう,徹底的に非軍事化した。

教科書が黒くぬりつぶされているね。どうして？

GHQの指示で,戦意を高めるような内容を消したんだよ。

▲戦後直後の墨ぬり教科書

・軍隊を解散させた。

・戦争犯罪人を＿＿＿＿＿＿軍事裁判（東京裁判）にかけた。

　➡ 戦争中に重要な地位にいた人を公職から追放した。

・昭和天皇が「人間宣言」を発表した。

民主化

・財閥解体 … 経済の自由化を図るために,経済を支配してきた

　　　三井,三菱などの＿＿＿＿＿が解体された。

・＿＿＿＿＿＿＿ … 農業を活性化するために,地主が持つ小作地を政府が買い上げ,

　　　小作人に安く売った。

　➡ 小作人の多くが

　　　自作農になった。

memo　〜小作人と自作農〜
・小作人 … 土地を借りている農業従事者。
・自作農 … 自分の土地を持つ農業従事者。

・男女普通選挙 … 満＿＿＿歳以上のすべての男女に

　　　選挙権があたえられた。

はじめて女性にも選挙権が認められたよ!

日本国憲法

大日本帝国憲法に変わる新しい憲法として，日本国憲法が制定された。

●公布と施行

・公布 … 1946 年 11 月 3 日

・施行 … 1947 年 5 月 3 日

日本国憲法を記念して，11月3日は「文化の日」に，5月3日は「憲法記念日」に定められたよ。

●3つの基本原理

・＿＿＿＿＿ 主権 ／ ＿＿＿＿＿ の尊重 ／ ＿＿＿＿＿ 主義

●天皇の位置づけ

・天皇は，統治権を失い，国と国民統合の象徴となった。

➡ 国会が国権の最高機関になった。

日本国憲法については，中3の公民でくわしく勉強するよ。

●その他の法律

・民法の改正…男女平等に基づいた家族制度が定められた。

・＿＿＿＿＿ 法…民主主義の教育の基本を示した。

➡ 忠君愛国を示した教育勅語は失効した。

確認問題

(1) 日本を間接統治した連合国軍最高司令官総司令部を，アルファベット 3 文字で何といいますか。 〔　　　　　　〕

(2) 政府が地主の小作地を買い上げ，小作人に安く売った改革を何といいますか。 〔　　　　　　〕

(3) 1945 年の選挙法の改正によって，選挙権は満何歳以上の男女にあたえられましたか。 〔　　　　　　〕

(4) 日本国憲法の基本方針は，国民主権，平和主義ともう 1 つは何ですか。 〔　　　　　　〕

(5) 民主主義の教育の基本を示した法律を何といいますか。 〔　　　　　　〕

2 冷戦の開始と日本の独立回復

動画をみながら＿＿をうめよう！

国際連合

・1945年，＿＿＿＿＿＿（国連）が設立される。

    ---- 世界の平和と安全を維持する機関

例えば…

アメリカ　イギリス
フランス
ソ連
中国

・常任理事国 … アメリカ，イギリス，

      フランス，ソ連，中国の5か国。

  ➡ 重要な議決は5か国のうち，1か国でも

   反対すると否決になる。（拒否権）

 反対！
 賛成！ 否決！！

冷戦の始まり

・冷たい戦争（冷戦）

  … アメリカ中心の資本主義諸国と

   ソ連率いる共産主義諸国の対立。

全面戦争はなかったけれど，厳しい対立が続いたよ。

・1949年，ドイツが東西に分かれて独立した。

  ➡ 西ドイツは資本主義国，東ドイツは共産主義国。

・軍事同盟 … 西側が北大西洋条約機構（＿＿＿＿＿）を，

      東側が＿＿＿＿＿＿機構を作った。

アジアの動き

・中国 … 1949年に＿＿＿＿＿＿（中国）が成立した。

・朝鮮 … 日本の植民地から解放される。

  ➡ 北緯38度線を境に，南をアメリカ，北をソ連が占領した。

  ➡ 南に＿＿＿＿＿（韓国），

   北に＿＿＿＿＿＿＿（北朝鮮）が成立した。

  ➡ 1950年，北朝鮮が南北統一を目指して韓国に侵攻した＿＿＿戦争が始まった。

Point! 朝鮮戦争は1953年に休戦したが，2023年現在も対立が続いており，まだ終戦はしていない。

朝鮮半島は，南をアメリカ，北をソ連に占領されたから，現在のように2つの国に分かれたんだね。

国際社会への復帰

・1951 年，日本はアメリカなど 48 か国と

_____ 平和条約を結んだ。

　➡ 翌年，独立を回復した。

(b) 連合国は，……日本国民の
完全な主権を承認する。

▲サンフランシスコ平和条約の一部

・アメリカと _____ 条約（日米安保条約）を結んだ。
　　　　　　　　　　　　　にちべいあんぽ

　➡ アメリカ軍基地が日本国内に残った。

日本の安全やアジアの平和を
守るという理由で基地が
残されたよ。

・1956 年，_____ 宣言が調印され，

ソ連との国交が回復した。

　➡ ソ連の支持を得られて日本は国連に加盟した。

ソ連も，日本が国連に
　　　　１９５６
行くころと思ったの
かもしれないね。

これも覚えよう

安保闘争 … 1960 年の日米安保条約の改正のとき，アメリカの軍事行動に
あんぽとうそう　　巻き込まれることを危険視した人々が起こした反対運動。

確認問題

(1) 1949 年に結成された北大西洋条約機構の略称をアルファベットで何といいま
　　すか。　　　　　　　　　　　　　　　　　　　　　〔　　　　　　　　　〕
　　　　　　　　　　　りゃくしょう

(2) 1950 年に起こった，北朝鮮が南北統一を目指して韓国に侵攻し，始まった戦
　　争を何といいますか。　　　　　　　　　　　　　　〔　　　　　　　　　〕

(3) 日本が独立を回復することとなった条約を何といいますか。
　　　　　　　　　　　　　　　　　　　　　　　　　　〔　　　　　　　　　〕

(4) 1951 年に結ばれた，日本にアメリカ軍基地を置くことを認めた条約を何とい
　　いますか。　　　　　　　　〔　　　　　　　　　〕

(5) 日本が国際連合に加盟するきっかけとなった，ソ連との間で調印した宣言を何
　　といいますか。　　　　　　　　　　　　　　　　　〔　　　　　　　　　〕

3 日本の高度経済成長と現代の文化

日本の経済成長

・＿＿＿＿景気 … 朝鮮戦争のとき, アメリカ軍向けの軍需物資を生産し, 好況になった。

・＿＿＿＿成長 … 1955年から1973年まで,

経済が急成長を続けた。

➡ 重化学工業が産業の主軸になった。

➡ 国民の生活は便利になって, 電化

製品が広まった。

▲三種の神器 (白黒テレビ・洗濯機・冷蔵庫)

・1964年, 東京オリンピック・パラリンピックが開かれる。

新幹線や高速道路が開通したよ!

・1973年, ＿＿＿＿＿＿ (オイル・ショック) が発生する。

➡ 石油価格の上昇により, 深刻な不況になり, 高度経済成長が終わる。

中東で戦争が起こり, 石油の価格が上がってしまったよ。

戦争が終わり, ひと苦難去ったと思ったら, オイル・ショック。

社会問題

・人口の流出 … 農村では過疎に, 都市では過密になった。

・四大公害 … 水俣病, 新潟水俣病, 四日市ぜんそく, イタイイタイ病

農村

人口が流出して過疎化になった。

都市

過密化で交通渋滞や
住宅不足を引き起こした。

高度経済成長期の外交

時代	年代	できごと
昭和	1965	_____ 条約を結ぶ。 ➡ 韓国政府を朝鮮半島唯一の政府として承認。
	1972	アメリカと交渉し，沖縄が日本に復帰した。 _____ 声明にて，中国との国交が正常化。
	1978	_____ 条約を結ぶ。 ➡ 中国と関係を深める。

・_____ … 核兵器を「持たず，作らず，持ちこませず」という

　　　　　　　日本の方針ができた。

現代の文化

●メディア

　・1953 年，_____ 放送が始まった。

　・1990 年代，インターネットが普及した。

●漫画・文学・スポーツ

　・「鉄腕アトム」… _____

　・ノーベル文学賞 … _____ ，大江健三郎

　・プロ野球 … 長嶋茂雄，王貞治

「巨人・大鵬・卵焼き」
という言葉が流行したよ。

──────────────────────────

確認問題

(1) 朝鮮戦争をきっかけに，日本がむかえた好況を何といいますか。

〔　　　　　　　　　　　〕

(2) 高度経済成長が終わるきっかけとなった，石油価格の上昇を何といいますか。

〔　　　　　　　　　　　〕

(3) 1965 年に結ばれた，韓国政府を朝鮮半島唯一の政府として認めた条約を何といいますか。

〔　　　　　　　　　　　〕

(4) 核兵器を「持たず，作らず，持ちこませず」という基本方針を何といいますか。

〔　　　　　　　　　　　〕

4 冷戦終結後の国際社会と日本

冷戦の終結

・1989 年，ドイツの
_____
が取りこわされた。　‥‥‥ 冷戦の象徴(しょうちょう)

　➡ 米ソの首脳が冷戦の終結を宣言した。

　　1990 年，東西ドイツが統一した。

memo　～共産主義のおとろえ～

東ヨーロッパで民主化運動が高まって，共産党政権がたおれた。それ以降，共産主義国は大幅に減り，2023年現在では数か国ほどしかない。

冷戦後の国際社会

時代	年代	できごと
平成(へいせい)	1991	湾岸(わんがん)戦争が起こる。 ➡ アメリカを中心とした多国籍(たこくせき)軍が派遣(はけん)された。 ソ連が解体した。
	1993	ヨーロッパ連合（_____）が発足する。 ➡ ヨーロッパの地域統合が進んだ。
	2001	アメリカで_____テロが発生する。 ➡ テロを理由にアメリカがアフガニスタンを攻撃(こうげき)した。
	2003	イラク戦争が始まる。
令和(れいわ)	2022	ロシアによるウクライナ侵攻(しんこう)が始まる。

第二次世界大戦が終わったのに，また何度も戦争が起こっているね…。

世界各地で，宗教や文化のちがいや国家間の対立から，地域紛争(ふんそう)が起きているよ。

・国連の平和維持活動（_____）が地域紛争を解決する役割を担(にな)う。

・2015 年，国連サミットで持続可能な開発目標（SDGs）が採択(さいたく)された。

Point! SDGs には，将来の世代の幸福も考えた 17 の目標がかかげられている。

冷戦後の日本

時代	年代	できごと
平成	1991	バブル経済が崩壊する。
		➡ 長期にわたる不況になった。
	1992	平和維持活動（PKO）に自衛隊を派遣する。
	1993	55 年体制が崩壊する。
	1995	阪神・淡路大震災が起こる。
	2011	＿＿＿＿ 大震災が起こる。
		➡ 再生可能エネルギーの導入が進められる。
令和	2020	新型コロナウイルス感染症が世界中に広がる。

現代社会の特色

・＿＿＿＿＿化 … 高齢者の割合が高く，若者の人口や出生数が少なくなること。

・＿＿＿＿＿化 … 海面の上昇や農作物の不作など，

　　　　　　深刻な問題を引き起こすようになること。

・グローバル化 … 国境を越えて，世界が一体になること。

世界にはばたこう！

確認問題

(1) 1989 年に取りこわされた，冷戦の象徴を何といいますか。

〔　　　　　　　　　〕

(2) 1993 年に成立したヨーロッパ連合の略称を，アルファベットで何といいますか。

〔　　　　　　　　　〕

(3) 子どもの数が減少して，高齢者の割合が高くなる現象を何といいますか。

〔　　　　　　　　　〕

(4) 温室効果ガスによって，地球の気温や海面の上昇を引き起こす現象を何といいますか。

〔　　　　　　　　　〕

初版
第 1 刷　2023 年 6 月 1 日　発行

●編　者
　　数研出版編集部
●カバー・表紙デザイン
　　株式会社クラップス

発行者　星野　泰也

ISBN978-4-410-15560-4

とにかく基礎　定期テスト準備ノート　中学歴史

発行所　**数研出版株式会社**

本書の一部または全部を許可なく
複写・複製することおよび本書の
解説・解答書を無断で作成するこ
とを禁じます。

〒101-0052　東京都千代田区神田小川町 2 丁目 3 番地 3
　　　　　　〔振替〕00140-4-118431
〒604-0861　京都市中京区烏丸通竹屋町上る大倉町205番地
〔電話〕代表 (075)231-0161
ホームページ　https://www.chart.co.jp
印刷　創栄図書印刷株式会社
　　　乱丁本・落丁本はお取り替えいたします　230401

とにかく基礎
定期テスト
準備ノート

中学歴史

解答編

1 人類の出現と世界の古代文明 ・・・・・・・・・・・・・・・・・・・・ 4・5 ページの解答

人類の歴史

・ 猿 人 … 約 700 万～ 600 万年前に出現。手で道具を使用した。

・ 原 人 … 約 200 万年前に出現。火や言葉を使用した。

・新人 … 約 20 万年前に出現。 ホモ・サピエンス ともいう。
　狩りや採集をして暮らしていた。

石器の使用

・石を打ち欠いて作った 打製 石器が使用された時代を、
　旧石器時代という。

・石の表面をみがいて作った 磨製 石器が使用された時代を、
　新石器時代という。

古代文明

●メソポタミア文明
・くさび形文字
・ 太陰 暦

ユーフラテス川
黄河
インダス川
チグリス川
長江

● 中国 文明
・ 甲骨文字
（殷のころ）

● インダス 文明
・厳しい身分制度

ナイル川

●エジプト文明
・ 象形 文字
・太陽暦

ヨーロッパの文明

・ギリシャ … 都市国家 （ ポリス ） の成立 •····· 紀元前8世紀ごろ
　➡ マケドニアのアレクサンドロス大王が東に遠征
　　　　　　　　　　　└ ギリシャを征服
　➡ ヘレニズム 文化の発達
・イタリア … 王政 → 共和政 → 帝政 ＝ ローマ 帝国
　　　　　　　　　　　　　　　└ 紀元前1世紀に成立

宗教のおこり

・仏教 … インドで シャカ が開いた。東南アジア、中国、日本などで広まった。

・ キリスト 教 … イエスが開いた。
　その教えは『聖書』にまとめられ、アメリカ、アジア、アフリカなどで広まった。

・ イスラム 教 … ムハンマドが開いた。
　西アジア、北アフリカ、東南アジアなどで広まった。

【これも覚えよう】
儒教 … 中国で孔子がおこして、
朝鮮や日本に広まった。

【確認問題】

(1) 約 200 万年前に登場し、火を使ったり、言葉を発達させたりした人類を何といいますか。 〔 原人 〕

(2) 旧石器時代に使用されていた、石を打ち欠いて作った石器を何といいますか。 〔 打製石器 〕

(3) 黄河流域でおこった文明を何といいますか。 〔 中国文明 〕

(4) イタリアで紀元前1世紀に成立した国を何といいますか。 〔 ローマ帝国 〕

(5) ムハンマドが開いた宗教を何といいますか。 〔 イスラム教 〕

2 日本の成立 ・・・・・・・・・・・・・・・・・・・・・・・・・・・・・・・ 6・7 ページの解答

時代	年代	できごと
旧石器		日本は、大陸と陸続きであった。
		打製石器でマンモス、ナウマンゾウなどをとらえて食料とする。
縄文	約1万年前	氷河時代が終わり、海面が上昇。 ➡ 現在の日本列島が成立。
		縄の文様が付いた 縄文 土器が作られる。 └ 他にも、磨製石器や骨角器が使われる
		貝殻や魚の骨などを捨てる 貝塚 ができる。 掘った地面に柱を立てた たて穴住居 に住む。 豊作などを祈って土偶が作られる。
弥生	紀元前4世紀ごろ	大陸から 稲作 が伝来する。 └ 米作りのこと
		高温で焼いた薄手の 弥生 土器が作られる。 米を保管するための 高床倉庫 が作られる。

縄文土器

たしかに、縄のような文様が付いているね。

高いところにあるから、湿気やねずみの侵入を防げるんだね。

▲高床倉庫

かっぱは侵入できるのかな〜？

時代	年代	できごと
弥生	57	倭の奴国の王が、漢の皇帝から 金印 を授かる。 └ 今の福岡県　└ 中国のこと
	220	中国で漢がほろび、魏・蜀・呉の三国に分かれる。
	239	邪馬台国の女王 卑弥呼 が魏に使いを送り、 金印や 銅鏡 100 枚を授かる。 邪馬台国のことは『 魏志倭人伝 』に 詳しく記されている。 　　　　　　　└ 中国の書物の記述

▲金印　　　　銅鏡

【これも覚えよう】
倭 … 当時の日本の呼び方。倭には 100 余りの国（今でいう都道府県のようなもの）があり、その中の1つが奴国だった。
邪馬台国も倭の国の1つで、卑弥呼は倭にある 30 ほどの国をまとめていた。

【確認問題】

(1) 約1万年前に使われ始めた、縄の文様が付いた土器を何といいますか。 〔 縄文土器 〕

(2) 縄文時代の人々が貝殻や魚の骨などを捨てていた場所を何といいますか。 〔 貝塚 〕

(3) 収穫した米を保管した、湿気を防ぐための工夫がされている倉庫を何といいますか。 〔 高床倉庫 〕

(4) 奴国の王が漢の皇帝から授かったものは何ですか。 〔 金印 〕

(5) 魏に使いを送った邪馬台国の女王はだれですか。 〔 卑弥呼 〕

1 日本の古代王権 ‥‥‥‥‥‥‥‥‥‥‥‥‥‥‥‥‥‥‥‥ 8・9ページの解答

古墳時代

- 3世紀後半〜6世紀末ごろ。
- 古墳 … 王や豪族の **墓** のこと。
- **前方後円墳** … 方墳（四角い古墳）と円墳（まるい古墳）を組み合わせた形。

▲大仙古墳
（仁徳陵古墳）

memo ～大仙古墳のデータ～
- 工事期間…15年8か月
- 働く人…のべ680万7000人
- 費用…796億円

大きな古墳を造るのに、こんなにたくさんの時間やお金、人が必要だったんだね！

- 古墳の周りには土製品の **埴輪** が並べられた。

埴輪

縄文時代に使われた土偶とは別物だよ。

こっちは土偶

大和政権　←今でいう「国会・内閣」のようなもの

- 時期 … 3世紀後半に出現。
- 場所 … 奈良盆地が中心。
- 王 … **大王** とよばれた。←今の「天皇」のこと
- 5世紀後半には、九州地方から東北地方南部にまで支配を広げた。

中国・朝鮮半島の様子

高句麗
北魏（北朝）
新羅
百済
伽耶（任那）
宋（南朝）

◀5世紀の東アジア

- 中国 … 南朝と北朝に分かれて対立。
- 朝鮮半島 … **高句麗**，百済，新羅の勢力争い。
  ⇒ 大和政権は伽耶地域（任那）の国々や百済と交流があった。
  ⇒ **渡来人** が日本列島に移り住み、漢字や儒学、仏教を伝えた。

渡来 ⇒ try（挑戦）⇒ 朝鮮
⇒ 渡来人は朝鮮半島から来たと覚えよう！

確認問題

(1) 大仙古墳のような形の古墳のことを何といいますか。
〔　**前方後円墳**　〕

(2) 古墳の周りに並べられていた人型や馬型などの土製品を何といいますか。
〔　**埴輪**　〕

(3) 大和政権の王を何といいますか。
〔　**大王**　〕

(4) 5世紀の朝鮮半島で勢力争いをしていた国は、百済、新羅とあと1つは何ですか。
〔　**高句麗**　〕

(5) 朝鮮半島から移り住み、日本に漢字や仏教を伝えた人々を何といいますか。
〔　**渡来人**　〕

2 聖徳太子の政治と大化の改新 ‥‥‥‥‥‥‥‥‥‥‥‥ 10・11ページの解答

聖徳太子の国づくり

- 593年、聖徳太子（厩戸皇子）が推古天皇の **摂政** になった。
  蘇我馬子と協力して、政治の仕組みを作った。←役職の名前
- **冠位十二階** の制度 … 冠の色によって地位を表した。
  家柄ではなく、能力重視で役人を選んだ。

紫　青　赤　黄　白　黒
位が高い　　　　　　位が低い

- **十七条の憲法** … 朝廷の役人に対する心構えが示された。
  - 和を大切にして争いをしてはいけません。
  - 仏教をうやまいましょう。
  - 天皇の命令を必ず守りましょう。
  ◀十七条の憲法 のおもな内容
- **遣隋使** の派遣 … 隋（中国）の進んだ文化や制度を取り入れるため使いを送った。
  ⇒ 大王（天皇）中心の国づくりを目指した。

飛鳥文化　←中国や朝鮮の影響

- 日本最初の仏教文化。
- **法隆寺** … 現存する世界最古の木造建築。

memo ～東大寺～
大仏や鹿で有名な東大寺は、もっとあとの時代に建てられたもの。

大化の改新

- 645年、中大兄皇子（のちの天智天皇）と中臣鎌足（のちの藤原鎌足）が
  蘇我氏をたおして中央集権国家の建設を目指した。

これも覚えよう
公地・公民 … 各地で豪族が支配していた土地と人を国家が直接支配した。

公地・公民は、大化の改新で行われた政策の一つだよ。

白村江の戦いと壬申の乱

- **白村江** の戦い … 663年、中大兄皇子らが百済を助けようとして
  大軍を送った戦い。
  ⇒ 大敗したため、唐や新羅からの侵攻に備えた。
- **壬申** の乱 … 672年、天智天皇の死後に起きた、あとつぎをめぐる争い。
  ⇒ 大海人皇子が勝ち、即位して **天武** 天皇になった。

▼壬申の乱の系図

故　天智天皇
（中大兄皇子）

弟　大海人皇子　VS　大友皇子　子
勝ち　　　　　　負け
↓即位
天武天皇

あとつぎを決めるのは簡単にはいかないね。

確認問題

(1) 聖徳太子が定めた、朝廷の役人の心構えを示したものを何といいますか。
〔　**十七条の憲法**　〕

(2) 隋の進んだ文化を取り入れるために派遣した使いを何といいますか。
〔　**遣隋使**　〕

(3) 現存する世界最古の木造建築を何といいますか。
〔　**法隆寺**　〕

(4) 中臣鎌足とともに大化の改新を行い、のちの天智天皇となる人物はだれですか。
〔　**中大兄皇子**　〕

(5) 天智天皇の死後に起こった、あとつぎをめぐる争いを何といいますか。
〔　**壬申の乱**　〕

(6) (5)の争いに勝利した大海人皇子は、即位して、何という名前の天皇になりましたか。
〔　**天武天皇**　〕

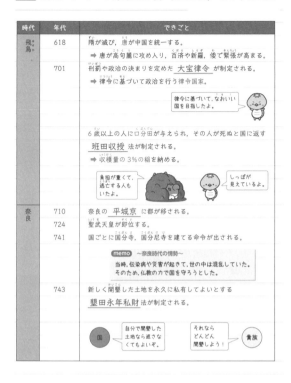

時代	年代	できごと
飛鳥	618	隋が滅び，唐が中国を統一する。 ➡ 唐が高句麗に攻め入り，百済や新羅，倭で緊張が高まる。
	701	刑罰や政治の決まりを定めた 大宝律令 が制定される。 ➡ 律令に基づいて政治を行う律令国家。 律令に基づいて，なおいい国を目指したよ。
		6 歳以上の人に口分田が与えられ，その人が死ぬと国に返す 班田収授 法が制定される。 ➡ 収穫量の3%の稲を納める。 負担が重くて，逃亡する人もいたよ。 しっぽが見えているよ。
奈良	710	奈良の 平城京 に都が移される。
	724	聖武天皇が即位する。
	741	国ごとに国分寺，国分尼寺を建てる命令が出される。 memo ～奈良時代の情勢～ 当時，伝染病や災害が起きて，世の中は混乱していた。 そのため，仏教の力で国を守ろうとした。
	743	新しく開墾した土地を永久に私有してよいとする 墾田永年私財法が制定される。 自分で開墾した土地なら返さなくてもよいぞ。 それならどんどん開墾しよう！ 貴族

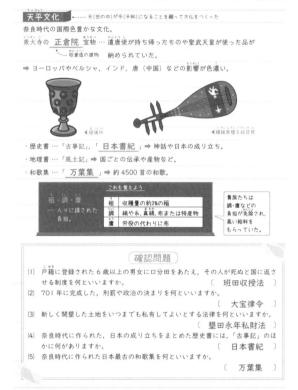

天平文化 ◀─ 天（世の中）が平（平和）になることを願って大仏をつくった

奈良時代の国際色豊かな文化。

東大寺の 正倉院 宝物 … 遣唐使が持ち帰ったものや聖武天皇が使った品が
└── 校倉造の建物 → 納められていた。

➡ ヨーロッパやペルシャ，インド，唐（中国）などの影響が色濃い。

◀瑠璃杯　　　◀螺鈿紫檀五絃琵琶

・歴史書 …「古事記」，「日本書紀 」➡ 神話や日本の成り立ち。
・地理書 …「風土記」➡ 国ごとの伝承や産物など。
・和歌集 …「 万葉集 」➡ 約 4500 首の和歌。

これも覚えよう

租・調・庸		収穫量の約3%の稲
… 人々に課された 負担。	租	収穫量の約3%の稲
	調	絹や糸，真綿，布または特産物
	庸	労役の代わりに布

貴族たちは調・庸などの負担が免除され，高い給料をもらっていた。

確認問題

(1) 戸籍に登録された 6 歳以上の男女に口分田をあたえ，その人が死ぬと国に返させる制度を何といいますか。〔 班田収授法 〕

(2) 701 年に完成した，刑罰や政治の決まりを何といいますか。〔 大宝律令 〕

(3) 新しく開墾した土地をいつまでも私有してよいとする法律を何といいますか。〔 墾田永年私財法 〕

(4) 奈良時代に作られた，日本の成り立ちをまとめた歴史書には，「古事記」のほかに何がありますか。〔 日本書紀 〕

(5) 奈良時代に作られた日本最古の和歌集を何といいますか。〔 万葉集 〕

解説 第 1 章 1 人類の出現と世界の古代文明 ～ 第 2 章 3 東アジアの緊張と律令国家，天平文化

縄文時代・弥生時代・古墳時代のポイント

縄文時代	弥生時代	古墳時代
・縄文土器の使用 ・貝塚 ・土偶	・弥生土器の使用 ・高床倉庫で米を保管 ・卑弥呼が邪馬台国を治めた	・大和政権の成立 ・埴輪 ・渡来人の移住

飛鳥時代のポイント

・聖徳太子（厩戸皇子）が推古天皇の摂政となる
・冠位十二階，十七条の憲法，遣隋使
・大化の改新（中大兄皇子と中臣鎌足）
・壬申の乱 ➡ 天武天皇が即位

奈良時代のポイント

・奈良に平城京が造られる
・聖武天皇が東大寺に大仏を造る ➡ 天平文化

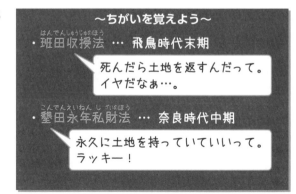

～ちがいを覚えよう～

・班田収授法 … 飛鳥時代末期
死んだら土地を返すんだって。イヤだなぁ…。

・墾田永年私財法 … 奈良時代中期
永久に土地を持っていていいって。ラッキー！

4 藤原氏と摂関政治，国風文化 ･･････････････････････････････ 14・15 ページの解答

平安時代の政治

・貴族と僧の間の勢力争いで政治が混乱した。

　➡ 立て直すため，794 年に桓武天皇が都を京都の _平安京_ に移す。

・9 世紀ごろ，坂上田村麻呂が _征夷大将軍_ になる。

　➡ 東北地方の蝦夷を攻め込み，朝廷の勢力を広げた。

・9 世紀後半，摂政や関白が中心となる _摂関_ 政治が行われる。

　➡ 11 世紀前半，藤原道長と，その子頼通のころ，最も安定した。

これも覚えよう
摂政 … 幼い天皇や女性天皇の代わりに政治を行う職
関白 … 成長した天皇を補佐する職

そういえば，聖徳太子も摂政だった。

▼藤原氏の家系図

Point! 道長は，4 人の娘を天皇のきさきにして，生まれた子どもを
　　　次の天皇に立てることによって，天皇の祖父として権力をにぎった。

東アジアの様子

・日本 … 894 年に菅原道真の提案で遣唐使が停止される。

このころの唐は，国内の反乱でおとろえ始めていたため，遣唐使でも得られるものが少なかった。

遣唐使を白紙(894)にもどしたんだね。

・朝鮮半島 … _高麗_ が朝鮮半島を統一する。

・中国 … 唐がほろび，979 年に宋が中国を統一する。

平安時代の信仰

・ _天台_ 宗 … 最澄が伝えた仏教の宗派。比叡山の延暦寺。

・ _真言_ 宗 … 空海が伝えた仏教の宗派。高野山の金剛峯寺。

ひえ～，天才(てんさい)だ！

高野豆腐の真空パック

・浄土信仰 … 死後に極楽浄土へ生まれ変わることを願う。

・平等院鳳凰堂 … 藤原頼通が京都に造った阿弥陀堂。

平等院鳳凰堂

国風文化

・源氏物語 … _紫式部_ の長編小説。

・ _枕草子_ … 清少納言の随筆。

・古今和歌集 … 紀貫之らがまとめた和歌集。

Point! この時代に仮名文字がつくられ，文学作品でも多く使われるようになった。

確認問題

(1) 藤原道長や頼通のころに全盛期を迎えた，摂政や関白を中心とする政治を何といいますか。〔 摂関政治 〕

(2) 894 年に遣唐使の停止を提案した人物はだれですか。〔 菅原道真 〕

(3) 唐にわたった最澄が日本に伝えた仏教の宗派を何といいますか。〔 天台宗 〕

(4) 阿弥陀如来にすがって念仏を唱え，死後に極楽浄土へ生まれ変わることを願う信仰を何といいますか。〔 浄土信仰 〕

(5) 紫式部が書いた長編小説を何といいますか。〔 源氏物語 〕

5 院政と武士 ･･････････････････････････････ 16・17 ページの解答

武士の成長

・10 世紀ごろから，都や地方で武士が成長した。

　➡ 天皇の住まいの警備などを担当した。

弓矢や馬などの戦いが優れた武官や豪族が武士と呼ばれるようになったよ。

・武士団の中でも源氏と平氏が特に力をつけていった。

　東日本では源氏が，西日本では平氏が勢力をのばした。

源氏も平氏も天皇の子孫なんだよ。

・平将門の乱，藤原純友の乱 … 武士の朝廷に対する反乱。

　➡ 朝廷も武士の力を認めるようになった。

朝廷…天皇が政治を行う場所

上皇による政治

上皇…天皇を退いた人

・ _院政_ … 上皇が中心となって行う政治。

　白河上皇が行った政治が代表的。

　➡ 上皇は寺社を保護したため，寺社は多くの荘園
　　　を持ち，武装した僧により勢力を広げた。

memo　〜院政が始まった理由〜
白河天皇は，自分の息子が幼いころに天皇を退いて，息子を天皇に立てた。幼い新天皇には政治ができないので，父の白河上皇が代わりに政治を行った。藤原氏などの勢力によって弱まっていた天皇の権力を，白河上皇は何とかして取りもどそうとしたのである。

平清盛の政治

・1167 年，平清盛が武士として初めて _太政大臣_ になる。

・ _日宋_ 貿易 … 宋(中国)との貿易。兵庫の港を整備した。

　➡ 力をつけて朝廷での地位を確立した平氏に対して不満を持つ者が増え，
　　　源頼朝をはじめとする各地の武士が兵を挙げた。

・1185 年，源義経 が，壇ノ浦(山口県)で平氏をほろぼした。

源義朝の息子，源頼朝の弟

これも覚えよう
＜平安時代(794 年〜1185 年)の権力の移り変わり＞
※（　）内はそれぞれの代表人物
①天皇の時代(桓武天皇) ⇒ ②貴族の時代(藤原道長)
③上皇の時代(白河上皇) ⇒ ④武士の時代(平清盛)

勢力の対立

_保元_ の乱 (1156 年)		
後白河天皇	天皇家	崇徳上皇
藤原忠通	貴族	藤原頼長
平清盛	平氏	平忠正
源義朝	源氏	源為義 源為朝

➡ 後白河天皇側が勝利。

_平治_ の乱 (1159 年)		
藤原通憲	貴族	藤原信頼
平氏 平重盛 平清盛		源氏 源頼朝 源義朝

➡ 源氏が敗れ，平氏が実権をにぎった。

確認問題

(1) 天皇が位をゆずって上皇になり，政治を行うことを何といいますか。〔 院政 〕

(2) 1156 年に起こり，天皇と上皇が対立し，後白河天皇側が勝った戦いを何といいますか。〔 保元の乱 〕

(3) 1159 年に起こり，平氏が政治の実権をにぎるようになった戦いを何といいますか。〔 平治の乱 〕

(4) 平清盛が武士として初めて就いた朝廷の役職を何といいますか。〔 太政大臣 〕

(5) 平清盛が中国を相手に行った貿易を何といいますか。〔 日宋貿易 〕

(6) 壇ノ浦で平氏をほろぼした，源頼朝の弟はだれですか。〔 源義経 〕

平安時代の権力の移り変わり

①天皇の時代

　桓武天皇が都を平安京に移す

　⇓

②貴族の時代

　藤原道長が摂関政治を行う

　⇓

③上皇の時代

　白河上皇らが院政を行う

　⇓

④武士の時代

　平清盛が太政大臣となって政治を行う

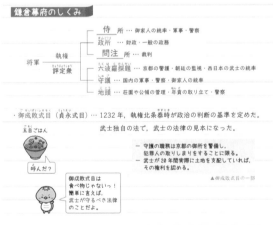

これも覚えよう

平安時代は，794年から1185年まで，約400年も続いたんだ。1つの時代がそんなに長く続くことはめずらしいんだけど，なぜ平安時代は400年も続いたんだろう？

　理由の1つに，「外交がほとんどなかった」ということがあるんだ。日本は894年に遣唐使を停止して以来，きちんとした外交を行っていなかったんだよ。外国にたよることができないから，日本は自分たちだけで国を良くしていかなければいけない。そのような状況の中で，日本独自の国風文化を築いたんだ。

国風文化のポイント

・紀貫之ら…「古今和歌集」

・紫式部…「源氏物語」

・清少納言…「枕草子」

第3章 中世

1 鎌倉幕府の成立 ・・・・・・・・・・・・・・・・・・・・・・・・・・・・・・・・・・ 18・19ページの解答

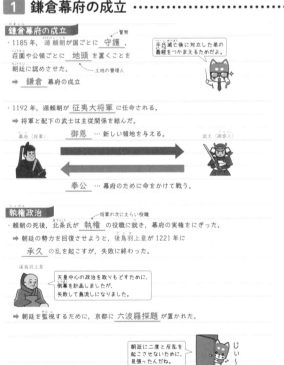

鎌倉幕府の成立

・1185年，源頼朝が国ごとに 守護 ，荘園や公領ごとに 地頭 を置くことを
　朝廷に認めさせた。　←土地の管理人

　→ 鎌倉 幕府の成立

（吹き出し：警察）

（吹き出し：平氏滅亡後に対立した弟の義経をつかまえるためだよ。）

・1192年，源頼朝が 征夷大将軍 に任命される。

　→将軍と配下の武士は主従関係を結んだ。

幕府（将軍）　御恩 …新しい領地を与える。　武士（御家人）

　　　　　　　奉公 …幕府のために命をかけて戦う。

執権政治

（吹き出し：将軍の次にえらい役職）

・頼朝の死後，北条氏が 執権 の役職に就き，幕府の実権をにぎった。

　→朝廷の勢力を回復させようと，後鳥羽上皇が1221年に

　　　承久 の乱を起こすが，失敗に終わった。

後鳥羽上皇（吹き出し：天皇中心の政治を取りもどすために，倒幕を計画しましたが，失敗して島流しになりました。）

　→朝廷を監視するために，京都に 六波羅探題 が置かれた。

（吹き出し：朝廷に二度と反乱を起こさせないために，見張ったんだね。　じいー）

鎌倉幕府のしくみ

将軍 ─ 執権・評定衆
　　　　├ 侍 所 …御家人の統率・軍事・警察
　　　　├ 政 所 …財政・一般の政務
　　　　├ 問注 所 …裁判
　　　　├ 六波羅探題 …京都の警護・朝廷の監視・西日本の武士の統率
　　　　├ 守護 …国内の軍事・警察・御家人の統率
　　　　└ 地頭 …荘園や公領の管理・年貢の取り立て・警察

・御成敗式目（貞永式目）…1232年，執権北条泰時が政治の判断の基準を定めた。

五目ごはん（ごはんのイラスト）

　　　　武士独自の法で，武士の法律の見本になった。

（吹き出し：呼んだ？）

　　　― 守護の職務は京都の御所を警備し，犯罪人の取りしまりをすることに限る。
　　　― 武士が20年間実際に土地を支配していれば，その権利を認める。

　　　　　　　　　　　　　　　　　　　　　　　　▲御成敗式目の一部

（吹き出し：御成敗式目は食べ物じゃないっ！簡単に言えば，武士が守るべき法律のことだよ。）

確認問題

(1) 1185年に国ごとに置くことが認められた役職を何といいますか。
　〔　守護　〕

(2) 鎌倉時代の主従関係で，将軍が御家人に新しい領地をあたえることを何といいますか。
　〔　御恩　〕

(3) 鎌倉時代の主従関係で，御家人が将軍のために命をかけて戦うことを何といいますか。
　〔　奉公　〕

(4) 朝廷の勢力を取りもどすために後鳥羽上皇が起こした反乱を何といいますか。
　〔　承久の乱　〕

(5) 朝廷を監視するために京都に置かれた役職を何といいますか。
　〔　六波羅探題　〕

2 鎌倉時代の人々のくらしと鎌倉文化 …………………………… 20・21 ページの解答

地頭の支配

・領主に断りなく，<u>地頭</u>が勝手に土地や農民を支配するようになる。
　➡地頭と領主が支配権を争い合う。
・農民は領主と地頭の支配に苦しんだ。
　➡集団で村をはなれるなど，団結して抵抗した。

新しくやってきた地頭が，今までの荘園の慣習を無視したり武力で支配したりするんだ。

ある村の農民

ひどい！抵抗しよう！

武士の生活

・武芸の訓練を行い，「弓馬の道」「武士の道」などの心構えを大切にした。
・農村に住んで，領主として農業を営んだ。
・惣領が亡くなったり引退したりすると，あとつぎ以外の子にも土地が相続された。
　➡女性も相続する権利があった。

民衆の生活

・農業の技術が進歩したことで，農地の開発が進み，作物の収穫量が増えた。
・二毛作…同じ田畑で2種類の異なる作物を交互に作ること。
　鎌倉時代には米と麦の二毛作が始まった。

地理で習う「二期作」とは別物なので，注意しよう！

・寺社の門前や交通の便利なところで<u>定期市</u>を開催した。

鎌倉文化

・「<u>新古今和歌集</u>」…後鳥羽上皇の命令で編さんされた歌集。
・「徒然草」…<u>兼好法師</u>が書いた随筆。
・「方丈記」…鴨長明が書いた随筆。
・「<u>平家</u>物語」…武士の戦いをえがいた文学。琵琶法師によって語られた。
　　　　　　　　↳作者は不明
・<u>金剛力士像</u>…東大寺南大門にある，運慶らが作った像。

〜テストに出る〜
問．平家物語が書かれた時代はいつか？　答．鎌倉時代
「平家」と聞くと，どうしても平安時代が思いうかぶけど，「平家物語」は平氏の滅亡をえがいた作品だから，平氏がほろびたあとでないと書けないよね。

鎌倉時代の新しい仏教　※（　）内は開祖の名前

・浄土宗（法然）　　　・浄土真宗（親鸞）
・時宗（一遍）　　　　・日蓮宗（日蓮）
・臨済宗（栄西）　　　・曹洞宗（<u>道元</u>）

確認問題
(1) 寺社の門前や交通の便利な場所に開かれた市を何といいますか。　〔 定期市 〕
(2) 後鳥羽上皇の命令でまとめられた歌集を何といいますか。　〔 新古今和歌集 〕
(3) 兼好法師の随筆を何といいますか。　〔 徒然草 〕
(4) 琵琶法師によって伝えられた武士の戦いをえがいた文学を何といいますか。　〔 平家物語 〕
(5) 東大寺にある，運慶らが作った像を何といいますか。　〔 金剛力士像 〕
(6) 念仏を唱えれば極楽浄土に生まれ変われると法然が説いた仏教を何といいますか。　〔 浄土宗 〕

3 モンゴル帝国とユーラシア世界 …………………………… 22・23 ページの解答

モンゴル帝国

・1206年，<u>チンギス・ハン</u>がモンゴル帝国を建設した。
　➡子孫が中国西部や西アジア，ヨーロッパに領土を広げた。
・1271年，フビライ・ハンがモンゴルから中国にかけた地域の国名を元とした。
　➡各地の他民族の宗教，言語を認めて他国と交流を行った。

チンゲンサイ

エビフライ

キミたちのことじゃないよ…。

これも覚えよう
中国の王朝はかなりひんぱんに変わっている。
殷 ➡ 周 ➡ 秦 ➡ 漢 ➡ 三国 ➡ 隋 ➡ 唐 ➡ 宋 ➡ 元
➡ 明 ➡ 清 ➡ 中華民国 ➡ 中華人民共和国
鎌倉時代はココ

モンゴルの襲来

・フビライ・ハンは元に従うようにと日本に使者を送った。
　➡北条時宗は元の要望を無視した。

フビライ・ハン
高麗は元に従った。日本も元と友好を結ぶべきではないか。武力は使いたくないから，よく考えてほしい。

北条時宗
……（無視）

・<u>文永</u>の役…1274年に元軍が日本に攻め入ったが，高麗との対立もあって，引きあげた。
・<u>弘安</u>の役…1281年に再び元軍が日本に攻め入ったが，暴風雨などのせいで上陸できずに，引きあげた。

▲文永の役の様子

Point! 元が二度にわたって日本に襲来したことを元寇という。

鎌倉幕府の滅亡

↳御家人の借金を取り消す
・生活苦の御家人のために<u>徳政</u>令が出される。

領地の質入れや売買は，御家人の生活が苦しくなる原因となるため，今後は禁止する。
…御家人以外の武士や庶民が，御家人から買った土地については，売買後の年数に関係なく返さなければいけない。
◀永仁の徳政令

武士（御家人）
命をかけて元軍と戦ったのに新しい土地はもらえなかったんだ！幕府には不満があるよ！

・後醍醐天皇が，朝廷に実権を取りもどすために，幕府をたおそうとした。
　➡一度は失敗して追放された。
　➡楠木正成などの新しく成長した武士や，<u>足利尊氏</u>や新田義貞などを新たに味方にして，1333年に幕府をほろぼした。

「生活苦の御家人は，意地(10)てきさんざん(33)だった」
➡「鎌倉幕府の滅亡は1333年」と覚えよう。

確認問題
(1) モンゴル帝国を建設した人物はだれですか。　〔 チンギス・ハン 〕
(2) 1274年に元軍が日本に襲来した戦いを何といいますか。　〔 文永の役 〕
(3) 1281年の元軍による二度目の襲来を何といいますか。　〔 弘安の役 〕
(4) 御家人の借金を取り消す法律を何といいますか。　〔 徳政令 〕
(5) 足利尊氏を味方にして鎌倉幕府をほろぼした天皇はだれですか。　〔 後醍醐天皇 〕

源 頼朝の政治のポイント

・日本各地に守護，地頭を置く
・御家人と主従関係を結ぶ（御恩と奉公）

北条氏の政治のポイント

・執権政治を行う
・元寇でモンゴル軍を退ける

鎌倉文化のポイント

・歌集 …「新古今和歌集」
・軍記物 …「平家物語」
・随筆 …「徒然草」

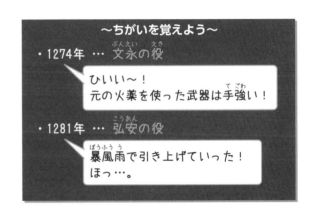

～ちがいを覚えよう～

・1274年 … 文永の役

ひいい〜！
元の火薬を使った武器は手強い！

・1281年 … 弘安の役

暴風雨で引き上げていった！
ほっ…。

鎌倉時代の仏教のポイント

宗派	浄土宗	浄土真宗	時宗	日蓮宗	臨済宗	曹洞宗
開祖	法然	親鸞	一遍	日蓮	栄西	道元

第3章 中世
4 室町幕府の成立と南北朝の内乱 ・・・・・・・・・・・・・・・・・・ 24・25 ページの解答

時代	年代	できごと
室町	1334	後醍醐天皇が 建武 の新政を始める。 天皇中心の政治を復活させるぞ！ 後醍醐天皇 ➡ 武士を軽んじて貴族を重視したため，武士の不満が高まった。 当時の社会を批判した文章が残っているよ。 「二条河原落書」このごろ都ではやっているものは，夜襲，強盗，天皇のにせの命令だ，…急に低い身分から大名になる者がいれば，路頭に迷う者が出てくる…
	1336	後醍醐天皇の政治に不満を持った 足利尊氏 が兵を挙げ，京都に新しい天皇をたてた。 武士を軽んじるやり方は許せない！ 足利尊氏 ➡ 建武の新政は2年ほどで終わり，後醍醐天皇は吉野（奈良県）にのがれた。 ➡ 二つの朝廷が生まれ，争いが約60年間続く 南北朝 時代となる。 北朝（京都）／南朝（奈良）
	1338	北朝の天皇が足利尊氏を征夷大将軍に任命する。 足利尊氏が京都に 室町 幕府を開く。 ➡ 室町時代のはじまり
	1392	3代将軍 足利義満 が南北朝を統一する。

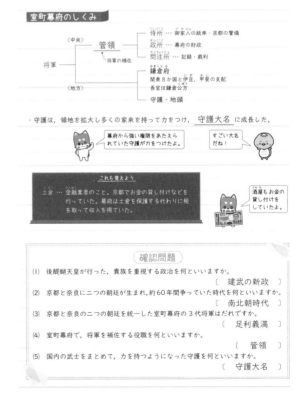

室町幕府のしくみ

〈中央〉
管領 ─ 侍所 … 御家人の統率・京都の警備
将軍 ─ 管領（将軍の補佐） ─ 政所 … 幕府の財政
　　　 └ 問注所 … 記録・裁判
　　　 ─ 鎌倉府 関東8か国と伊豆，甲斐の支配 長官は鎌倉公方
〈地方〉
─ 守護・地頭

・守護は，領地を拡大し多くの家来を持って力をつけ， 守護大名 に成長した。
幕府から強い権限をあたえられていた守護が力をつけたよ。
すごい大名だね！

これも覚えよう
土倉 … 金融業者のこと。京都でお金の貸し付けなどを行っていた。幕府は土倉を保護する代わりに税を取って収入を得ていた。
酒屋もお金の貸し付けをしていたよ。

確認問題
(1) 後醍醐天皇が行った，貴族を重視する政治を何といいますか。
〔 建武の新政 〕
(2) 京都と奈良に二つの朝廷が生まれ，約60年間争っていた時代を何といいますか。
〔 南北朝時代 〕
(3) 京都と奈良の二つの朝廷を統一した室町幕府の3代将軍はだれですか。
〔 足利義満 〕
(4) 室町幕府で，将軍を補佐する役職を何といいますか。
〔 管領 〕
(5) 国内の武士をまとめて，力を持つようになった守護を何といいますか。
〔 守護大名 〕

5 室町時代の外交と産業 ‥‥‥‥‥‥‥‥‥‥‥‥‥‥‥‥‥‥ 26・27 ページの解答

東アジアとの交流

●中国
・14 世紀に漢民族が　明　を建国。
・足利義満が日明貿易（　勘合　貿易）を開始。

memo ～勘合貿易～
当時、中国の船をおそって品物をうばう、倭寇という海賊のような悪者が横行していた。
「自分たちは倭寇じゃない」ということを証明するために、勘合が使われた。

▶勘合
（正式な貿易船にもたせた証明書。左半分を日本、右半分を明が持ち、合い札のようにして確かめた。）

＜日明貿易での日本の輸出品と輸入品＞

輸出品	刀・銅・硫黄・漆器など
輸入品	銅銭（明銭）・生糸・絹織物など

これも覚えよう
宋銭・明銭 … 日明貿易で中国のお金が大量に日本に入った。定期市の取り引きに使用された。

▼明銭「永楽通宝」

●朝鮮
・14 世紀に李成桂が　朝鮮国　を建国。
・幕府や守護大名が貿易船を送って、綿織物や仏教の経典を輸入した。

15世紀にはハングル文字が生まれたよ。

●琉球
・現在の沖縄。15 世紀に尚氏が　琉球　王国を建国。
・日本や中国、朝鮮半島、東南アジアと中継貿易を行った。

▼中継貿易の例
他の国から輸入したものを別の国に輸出する貿易

日本　⇄　琉球王国　⇄　中国（明）
　　刀　　　　刀
　　生糸　　　生糸

●蝦夷地
・現在の北海道。　アイヌ　民族が暮らしていた。
・本州や樺太（サハリン）・ユーラシア大陸と交易を行った。

商業の発展

・　馬借　…馬を使って物資を運ぶ。
・　問　…運送業をかねた倉庫業者。
・土倉や商人などが同業者ごとに　座　と呼ばれる団体を作り、営業を独占した。

私が運んだんだよ！

村の自治

・農村では、　惣　という自治組織を作り、村のおきてを定めた。

村のおきて
一　集まり（寄合）があることを知らせているのに二度出席しなかった者は、五十文のばつをあたえる。
一　森林の苗木を切った者は、五百文のばつをあたえる。

きちんと守らないと、罰金をとられてしまったんだよ…。

・15 世紀には、借金の帳消しなどを求めて　土一揆　が起こった。
　➡ 近畿地方を中心に広がった。

確認問題
(1) 日明貿易の正式な貿易船にもたせた証明書を何といいますか。
〔　勘合　〕
(2) 15 世紀に尚氏が建国し、中継貿易で栄えた国を何といいますか。
〔　琉球王国　〕
(3) 馬を使って物資を運ぶ陸上の輸送業者を何といいますか。
〔　馬借　〕
(4) 土倉や商人などが同業者ごとに作り、営業を独占した団体を何といいますか。
〔　座　〕
(5) 有力な農民を中心にして作られた農村の自治組織を何といいますか。
〔　惣　〕

---

6 応仁の乱と戦国大名 ‥‥‥‥‥‥‥‥‥‥‥‥‥‥‥‥‥‥ 28・29 ページの解答

応仁の乱

・8 代将軍　足利義政　のとき、将軍のあとつぎ問題をめぐり、有力な守護大名が対立する　応仁　の乱が起こった。
1467年から11年間続いた

今でたとえると、次期総理大臣を決めるために11年間も戦い続けた、ということか…。

この時代は国会や選挙なんてなかったから、戦で決めるしかなかったんだね。

戦国大名の登場

・応仁の乱で京都は焼け野原になり、幕府の力が低下した。
　➡ 各地の武士が領地をうばった。
　➡ 家来が主人に打ち勝つ　下剋上　の風潮が広がり、国を統一して支配する戦国大名が各地にあらわれた。

memo ～戦国大名～
家来が守護大名の地位をうばったり、守護大名が幕府から独立したりして誕生した。

▼主な戦国大名

毛利元就　上杉謙信　武田信玄　今川義元

ドラマやゲームで見たことがある！

　➡ 戦国大名が活躍する　戦国　時代をむかえる。

・戦国大名は城下町を造り、独自の　分国　法を定めて支配を強めた。
商工業者を呼んで経済を活性化

分国法（武田氏の例）
一　けんかした者は、どんな理由でも処罰する。
一　許可なく他国へおくり物や手紙を送ってはいけない。

室町文化

・北山文化 … 貴族と武士の文化が混ざり合った文化。
　　　金閣　…3 代将軍足利義満が建てた。

金箔が貼られていて豪華！

・東山文化 … 禅宗の影響を受けた質素で落ち着いた文化。
　　　銀閣　…8 代将軍足利義政が建てた。
書院造（たたみ、ふすまなどがある和室）の様式

実は銀が使われていない…

東山文化は、「わび・さび」という簡素で気品がある文化だよ。

・民衆の文化 …
民衆の生活を表した狂言が演じられた。
　　御伽草子　という絵入りの物語が読まれた。
「浦島太郎」「一寸法師」など

これも覚えよう
一向一揆 … 浄土真宗（一向宗）の信仰で結びついた武士と農民が起こした権力への抵抗運動。

確認問題
(1) 下の身分の者が上の身分の者に対して実力で打ち勝つ風潮を何といいますか。
〔　下剋上　〕
(2) 応仁の乱で幕府が力を失い、各地で戦国大名が活躍した時代を何といいますか。
〔　戦国時代　〕
(3) 戦国大名が国を支配するために作った独自の法律を何といいますか。
〔　分国法　〕
(4) 禅宗の影響を受けた東山文化を代表する、足利義政が建てた別荘を何といいますか。
〔　銀閣　〕
(5) 「浦島太郎」や「一寸法師」などの絵入りの物語を何といいますか。
〔　御伽草子　〕

中世ヨーロッパとキリスト教

・4 世紀，古代ローマ帝国は東西に分裂した。

キリスト教がヨーロッパ各地に広がり，

人々の考えや生活に影響をあたえた。

・東ヨーロッパ … 正教会

・西ヨーロッパ … カトリック教会

頂点にはローマ **教皇**（法王）が立つ。

イエスが開いたキリスト教はクリスマスを祝うよ。

イスラム世界

年代	できごと
7 世紀	アラビア半島にイスラム帝国が成立する。
	➡ 8 世紀までに中央アジアからイベリア半島まで支配を広げた。
13 世紀	モンゴル帝国の支配を受ける。
15 世紀	**オスマン** 帝国がビザンツ帝国を征服する。
16 世紀	インドにムガル帝国が成立する。

・ムスリム（イスラム教徒）の商人が

インド洋の交易の主な担い手となった。

十字軍

キリスト教・イスラム教・ユダヤ教の聖地

・11 世紀，イスラム教の国が聖地エルサレムを占領した。

➡ キリスト教世界で危機感が高まる。

・ローマ教皇の呼びかけに応じた西ヨーロッパ諸国の王や

貴族が **十字** 軍を組織して，エルサレムを取りもどそうとした。

➡ 失敗するが，イスラム世界の文化がヨーロッパに伝えられた。

イスラム世界の文化ってどんなものがあるの？

たとえば，数学・科学・医学などの学問は，イスラムからヨーロッパに伝えられたんだよ。

ルネサンス

・14 世紀から 16 世紀のヨーロッパで，古代の文化を復興しようとする

ルネサンス（文芸復興）が広がった。

➡ 人間そのものに価値を認めて，

いきいきとした人間の姿を表現した。

モナ・リザ▶（レオナルド・ダ・ヴィンチ）

宗教改革

・宗教改革 … 16 世紀，ローマ教皇が免罪符を売り出したことを批判して，

ドイツの **ルター** やスイスのカルバンが始めた。

ローマ教皇

免罪符を持っていると，犯した罪が免除されますよ。

キリスト教を悪用しないでください。

ルター

➡ 賛同した者は **プロテスタント**（抗議する者）とよばれた。

カトリック教会は対抗して，**イエズス** 会を中心に改革を始めた。

「イエズス」の「ズ」の位置を間違えないようにしよう。

確認問題

(1) 15 世紀のイスラム世界で，ビザンツ帝国を征服した帝国を何といいますか。
〔 **オスマン帝国** 〕

(2) 聖地エルサレムを取りもどすために西ヨーロッパ諸国の王や貴族が組織した軍を何といいますか。
〔 **十字軍** 〕

(3) 14 世紀から 16 世紀にかけて，ヨーロッパで古代の文化を復興しようとする運動をカタカナで何といいますか。
〔 **ルネサンス** 〕

(4) ドイツで宗教改革を始めた人物はだれですか。
〔 **ルター** 〕

(5) カトリック教会がプロテスタントに対抗して行った改革の中心となった組織を何といいますか。
〔 **イエズス会** 〕

ヨーロッパ人の海外進出

年代	できごと
1492	**コロンブス** がアメリカ大陸の近くに到達する。
1498	バスコ・ダ・ガマがインドに到達する。
1522	**マゼラン** の船隊が世界一周に成功する。
	➡ ヨーロッパはアメリカ大陸やアジアに植民地を広げた。
1543	種子島に **鉄砲** が伝来する。

ポルトガル人が伝えた武器

ヨーロッパ人の来日

・1549 年，イエズス会の宣教師 **ザビエル** が日本にキリスト教を伝えた。

➡ 民衆の間に信仰が広まった。

ザビエル

ザビエルさんはスペインの人だよ。

仲間とイエズス会をつくりました。

・布教や貿易のために来日したポルトガル人やスペイン人を南蛮人と呼んだため，

かれらとの貿易を **南蛮** 貿易という。

チキン南蛮も，南蛮人の料理が元になっているよ。

織田信長の業績

・1573 年，室町幕府をほろぼした。

・長篠の戦いで鉄砲を活用した。

だれでも自由に商売ができる

・自由に商売をさせるために，安土城下で **楽市**・**楽座** を行った。

・キリスト教を保護した。

・安土城下で関所を廃止した。

全国統一を目前にして，部下の明智光秀によって，本能寺で自害に追い込まれてしまったのじゃ。無念。

織田信長

豊臣秀吉の業績

・1590 年，全国統一を果たした。

・田畑の面積などを調べて，予想収穫量などを

記録する **太閤検地** を行った。

・一揆を防ぐため，百姓や寺社から武器を取り上げる

刀狩 を行った。

・明を征服するために朝鮮に大軍を送った。

1 回目 … 文禄の役，2 回目 … 慶長の役

明との戦いに苦戦している間に，病死してしまったのじゃ。無念。

豊臣秀吉

これも覚えよう
バテレン追放令 … 豊臣秀吉はキリスト教を危険視し，宣教師の国外追放を命じた。

桃山文化

・大名や豪商の権力や富を背景に繁栄した，活気がある豪華な文化。

・狩野永徳などの画家は金銀やあざやかな色を使って絵をえがいた。

・**千利休** が茶の湯を大成させ，大名たちの間で流行した。

確認問題

(1) 1522 年に世界一周を成功させた船隊の中心人物はだれですか。
〔 **マゼラン** 〕

(2) 日本にキリスト教を伝えたイエズス会の宣教師はだれですか。
〔 **ザビエル** 〕

(3) ポルトガル人やスペイン人と行った貿易を何といいますか。
〔 **南蛮貿易** 〕

(4) 織田信長が行った，安土城下での市の税の免除や座の廃止をする政策を何といいますか。
〔 **楽市・楽座** 〕

(5) 全国の土地を調査して，予想収穫量を記録した，豊臣秀吉が行った土地政策を何といいますか。
〔 **太閤検地** 〕

室町時代・安土桃山時代のポイント

室町時代	安土桃山時代
・南北朝時代が約60年続いた ・足利義満が日明貿易（勘合貿易）を始める ・応仁の乱が起こる ⇒ 戦国時代	・織田信長が楽市・楽座を行う ・豊臣秀吉が太閤検地，兵農分離を行う ・朝鮮侵略（文禄の役・慶長の役）

室町文化のポイント

・北山文化 … 金閣（建築），能（芸能）
・東山文化 … 銀閣（建築），水墨画（絵画）
・民衆の文化 … 狂言（芸能），御伽草子（文学）

中世ヨーロッパのポイント

・ルネサンス（文芸復興）が起きる
・ルターが宗教改革を行う
・ヨーロッパ人が海外進出して植民地を増やす

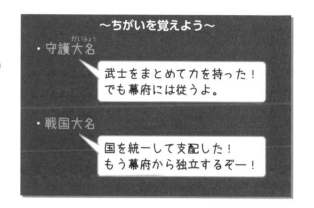

〜ちがいを覚えよう〜

・守護大名 → 武士をまとめて力を持った！でも幕府には従うよ。

・戦国大名 → 国を統一して支配した！もう幕府から独立するぞー！

第4章 近世

3 江戸幕府の成立と支配の広がり ……………………………… 34・35ページの解答

徳川家康の業績

・1600年，　関ヶ原　の戦いに勝ち，全国支配の実権をにぎった。
・1603年，征夷大将軍に任命され，　江戸　幕府を開いた。
 ➡ 1614年，1615年の二度にわたる大阪の陣で豊臣氏をほろぼし，
　幕府の基礎を固めた。

幕藩体制の確立

・幕府は全国に大名を配置して，各地を支配させた。
・幕府と藩が全国の土地と民衆を支配することを幕藩体制という。

> memo 〜藩〜
> 各地に配置した大名の領地とそれを
> 支配する組織のことを藩という。

➡ 幕府は，大名を3種類に分け，配置を工夫した。
　・親藩 … 徳川氏の一族。
　・譜代　大名 … 関ヶ原の戦いの前から徳川氏に従っていた大名。
　・外様大名 … 関ヶ原の戦いの後に徳川氏に従った大名。

 外様大名は江戸から遠い土地に配置して，反乱を起こしにくくさせたよ！
信用していなかったんだね！

・幕府は　武家諸法度　という法律をつくり，大名を統制した。

 ― 城を修理するときは，必ず幕府に申し出る
　　こと。新しい城は造ってはいけない。
 ― 幕府の許可なく，結婚してはいけない。
　　◀武家諸法度の一部

・3代将軍徳川家光が　参勤交代　を定め，
　1年おきに大名が領地と江戸を往復する
　ことを義務づけた。
　➡ 幕府への反乱を起こさないようにした。

 領地と江戸を往復する費用がかさんで，大変だよ…。

身分制度

幕府は身分制度を整えて，人々を支配した。
・武士 … 支配身分として政治を行った。

 特権として，日常的に刀を持つこと（帯刀）や名字を名乗ることが許されました。

・町人 … 商人や職人で，幕府や藩に営業税を納めた。
・百姓 … 土地を持つ本百姓，土地を持たない水のみ百姓に分かれた。
　村ごとに年貢を納めた。➡ 武士の生活を支えた。
　　　五人組　の制度を作り，連帯責任を負わせた。

 一人の失敗は皆の責任！年貢を納めているかなどを監視し合うよ。

・えた身分，ひにん身分 … ほかの身分から厳しく差別された。

> これも覚えよう
> 禁中並公家中諸法度 … 武家諸法度と同じ年に作られた法律で，
> 天皇の役割や朝廷の運営方針を定めた。

確認問題

(1) 徳川家康が全国支配の実権をにぎることになった1600年の戦いを何といいますか。　〔　関ヶ原の戦い　〕
(2) 江戸時代の大名を3つに区別したとき，親藩，外様大名とあと1つは何ですか。　〔　譜代大名　〕
(3) 大名が許可なく城を修理することを禁止するなど，大名を統制するために作られた法律を何といいますか。　〔　武家諸法度　〕
(4) 1年おきに大名が領地と江戸を往復することを義務づけた制度を何といいますか。　〔　参勤交代　〕
(5) 年貢の納入や犯罪の防止のために連帯責任を負わせる，百姓たちの間につくらせた制度を何といいますか。　〔　五人組　〕

第4章 近世

4 江戸幕府と鎖国 ‥‥‥‥‥‥‥‥‥‥‥‥‥‥‥‥‥‥‥‥‥‥ 36・37ページの解答

時代	年代	できごと
江戸	1601	朱印船貿易が始まる。 → 徳川家康が東南アジアと行った貿易
		朱印状を発行した。 → 東南アジアの各地に、日本町が生まれた。
	1612	家康は幕領にキリスト教禁止令を出す。 → 幕府が直接支配した土地
	1624	スペイン船の来航を禁止する。
	1635	徳川家光が日本人の海外渡航・帰国を禁止する。 → 朱印船貿易も停止する。
	1637	島原・天草一揆が起こる。 → キリスト教の取りしまりなどに抵抗して、天草四郎らが起こした → 幕府に鎮圧される。
	1639	ポルトガル船の来航を禁止する。
	1641	オランダ商館を長崎の 出島 に移す。

備主への忠義より、神への信仰を大切にするキリスト教なんて危険なんじゃ！
（徳川家康）

▼出島

memo 〜鎖国〜
外交を制限する幕府の体制を鎖国と呼ぶ。鎖国は幕末まで続いた。

〜テストに出る〜
問．1639年に来航が禁止された国はどこか？ 答．ポルトガル
スペインとかオランダとかいろいろな国が出てくるからまぎらわしいが、スペインはもっと早くに禁止され、オランダは最後まで禁止されていない。
「ポルトガルさん、今までいろいろサンキュー（1639）」と覚えよう。ポルトガルには、貿易などでいろいろお世話になったから、幕府としては最後まで悩んだんだね。

江戸時代の対外関係

 江戸幕府は、キリスト教の布教を行わない国や民族に対しては、鎖国をせずに、つながりを持ったんだよ！

 完全に鎖国して世界から孤立したわけではないんだね！

・オランダ、清（中国）… 幕府が長崎で貿易を独占した。
・朝鮮 … 対馬藩（長崎県）の仲立ちで国交が回復した。
　　　　→ 朝鮮通信使が日本に派遣された。
・琉球王国 … 江戸幕府の許可を得て、薩摩藩（鹿児島県）が征服した。
・蝦夷地 … 松前藩（北海道）が支配。
　→ 17世紀後半、不公平な交易に不満を持った先住民の アイヌ 民族は、
　　首長の シャクシャイン を中心に、戦いを起こした。

これも覚えよう
絵踏 … 幕府がかくれているキリスト教信者を探すために、キリスト像や聖母マリア像を足で踏ませて、こばんだ者を処罰した。
（絵踏の様子）

確認問題
(1) 朱印船貿易で、徳川家康が東南アジアへの渡航を許可するために発行したものを何といいますか。 〔 朱印状 〕
(2) 1637年に、キリスト教信者への迫害や年貢の取り立てに苦しんだ人々が起こした一揆を何といいますか。 〔 島原・天草一揆 〕
(3) 1641年にオランダ商館が移されたのは長崎のどこですか。 〔 出島 〕
(4) 将軍の代がわりごとに、朝鮮から派遣された祝いの使節を何といいますか。 〔 朝鮮通信使 〕
(5) 17世紀後半、アイヌの人々が松前藩に対して起こした戦いの中心となった首長はだれですか。 〔 シャクシャイン 〕

第4章 近世

5 江戸時代の産業の発達 ‥‥‥‥‥‥‥‥‥‥‥‥‥‥‥‥ 38・39ページの解答

農業の発達

・幕府や藩は、年貢を増やすために新田開発を行った。

18世紀初めには、豊臣秀吉のころより、農地の面積が約2倍に増えたよ！

農地が増えた分、農作業が大変そう…。

→ 新しい農具が発達して生産力が向上した。

・備中ぐわ
… 鉄製で深く耕す農具。

・千歯こき
… 効率的に脱穀ができる農具。

 農具もパワーアップしたんだね！

交通路の整備

・陸路 …
幕府は五街道をはじめ、主要な道路を整備した。
→ 関所を置き、人々の通行を監視した。
・海路 …
大量消費地の江戸と各地をつないだ。
南海路では京都や大阪で作られた
上質の品物が運ばれた。
西廻り航路・東廻り航路では
東北地方や北陸地方の年貢を輸送した。

 陸路では、飛脚が走り回って荷物を運んだよ！

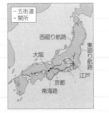
― 五街道
― 関所
西廻り航路　東廻り航路
大阪　京都　江戸　南海路

商工業の発展

・17世紀後半には、江戸・京都・大阪の三都が発展した。
　江戸 … 「将軍のおひざもと」と呼ばれ、人口100万人を超えた。
　京都 … 学問や文化の中心地で、西陣織などの工芸品を生産した。
　大阪 … 「 天下 の 台所 」と呼ばれ、全国の商業の中心地になった。
　　　　　蔵屋敷が置かれ、年貢米や特産物が売られていた。

・都市では、 株仲間 が営業を独占した。 ← 商人の同業者組合

・農民にお金や機械を前貸しして製品を作らせ、安く買い取る生産方式を
　問屋制家内 工業といい、18世紀に発達した。

・工場を建てて人を雇い、分業で製品を作らせる生産方式を 工場制手 工業
（マニュファクチュア）といい、19世紀に発達した。

これも覚えよう
寛永通宝 … 江戸時代に使われた銅銭。全国に流通させたため、今まで使われていた明銭などは使われなくなった。
▲寛永通宝

確認問題
(1) 江戸時代に開発された、効率的な脱穀が行える農具を何といいますか。 〔 千歯こき 〕
(2) 全国の商業の中心地だったことから、大阪は何とよばれていましたか。 〔 天下の台所 〕
(3) 幕府や藩に税を納めるかわりに、営業を独占する権利を認められた商人の同業者組合を何といいますか。 〔 株仲間 〕
(4) 農民にお金や機械を貸して布を織らせ、できた布を買い取る生産方式を何といいますか。 〔 問屋制家内工業 〕
(5) 工場を建てて人を雇い、分業で製品を作らせる生産方式を何といいますか。 〔 工場制手工業 〕

6 幕府政治の動き ・・・ 40・41 ページの解答

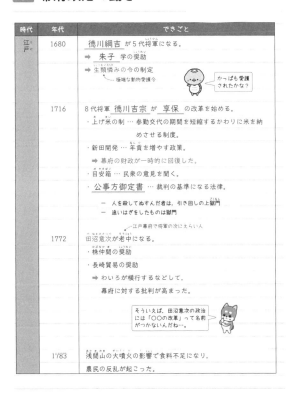

時代	年代	できごと
江戸	1680	徳川綱吉 が5代将軍になる。 ➡ 朱子 学の奨励 ➡ 生類憐みの令の制定 　　└ 極端な動物愛護令
	1716	8代将軍 徳川吉宗 が 享保 の改革を始める。 ・上げ米の制 … 参勤交代の期間を短縮するかわりに米を納めさせる制度。 ・新田開発 … 年貢を増やす政策。 　➡ 幕府の財政が一時的に回復した。 ・目安箱 … 民衆の意見を聞く。 ・公事方御定書 … 裁判の基準になる法律。 　└ 人を殺してぬすんだ者は、引き回しの上獄門 　└ 追いはぎをしたものは獄門
	1772	田沼意次が老中になる。 　└ 江戸幕府で将軍の次にえらい人 ・株仲間の奨励 ・長崎貿易の奨励 　➡ わいろが横行するなどして、 　幕府に対する批判が高まった。
	1783	浅間山の大噴火の影響で食料不足になり、 農民の反乱が起こった。

かっぱも愛護されたかな?

そういえば、田沼意次の政治には「○○の改革」って名前がつかないんだね…

時代	年代	できごと
江戸	1787	老中松平定信が 寛政 の改革を始める。 ・出かせぎの禁止 ・借金帳消し memo 〜田沼政治と松平政治のちがい〜 田沼意次の政治 … わいろが横行して批判が高まった。 松平定信の政治 … 厳しい政治をして逆に不評だった。
	1837	大塩平八郎 が反乱を起こす。(大塩の乱) ➡ 苦しい生活をする人々に米や金を分けあたえようとした。
	1841	老中水野忠邦が 天保 の改革を始める。 ・株仲間の解散 ・倹約令

これも覚えよう
ききん … 災害や異常気象で農作物が作れず、食料不足になること。
享保のききん(徳川吉宗のころ)、天明のききん(田沼意次〜松平定信のころ)、天保のききん(水野忠邦のころ)が有名。

確認問題

(1) 徳川綱吉が奨励した、主従関係や上下関係を大切にする学問を何といいますか。　〔 朱子学 〕

(2) 徳川吉宗が制定した、裁判の基準になる法律を何といいますか。　〔 公事方御定書 〕

(3) 昌平坂学問所を作った松平定信が行った改革を何といいますか。　〔 寛政の改革 〕

(4) 生活苦の人々を救うため、大塩平八郎が起こした乱を何といいますか。　〔 大塩の乱 〕

(5) 株仲間を解散させるなど、水野忠邦が行った改革を何といいますか。　〔 天保の改革 〕

7 江戸時代の文化 ・・・・・・・・・・・・・・・・・・・・・・・・・・・・・・・・・・・・・・・ 42・43 ページの解答

元禄文化 ◀・・「元禄」は当時の元号からとった言葉
・17世紀から18世紀初めに、上方(京都・大阪)を中心に栄えた町人文化。
経済力をつけた町人が、文化の担い手になった。

〈文学〉
・浮世草子(小説)… 井原西鶴
・俳諧(俳句)… 松尾芭蕉 ◀・・「奥の細道」の作者
・人形浄瑠璃の脚本 … 近松門左衛門
　　└ 人形劇

〈美術〉
・装飾画 … 俵屋宗達、尾形光琳
・浮世絵 … 菱川師宣

見返り美人図
[菱川師宣]

「師宣の美女こそ江戸女」と言われて人気だったよ!

〈学問〉
・朱子学 … 儒教の教えを学ぶ学問。
　5代将軍徳川綱吉や儒学者の 新井白石 が推奨。
　　　　　　　└ 6,7代将軍に仕えた

化政文化 ◀・・「化政」は、当時の元号「文化」「文政」を略した言葉
・19世紀前半、江戸(東京)を中心として栄えた町人文化。
庶民も文化の担い手になった。

〈文学〉
・俳諧(俳句)… 与謝蕪村、小林一茶
・「東海道中膝栗毛」… 十返舎一九
・「南総里見八犬伝」… 滝沢馬琴

〈美術〉 ◀・・多色刷りの版画
・浮世絵 … 葛飾北斎(風景画)、歌川広重(風景画)、
　　　　　喜多川歌麿(美人画)

〈学問〉
・「古事記伝」… 本居宣長
・「解体新書」… 杉田玄白、前野良沢
　　　➡ ヨーロッパの解剖書を翻訳して出版
　　　➡ 蘭学の基礎を築いた。
・日本地図 … 伊能忠敬 が測量して作った。

富嶽三十六景
[葛飾北斎]

浮世絵は、当時の民衆の間で大流行したんだって!

〈教育〉
・町や農村に 寺子屋 が開かれ、
子どもに読み・書き・そろばんなどが教えられた。

寺子屋の様子

これも覚えよう
藩校 … 各地の藩で人材の育成を図るために作られた。

確認問題

(1) 「奥の細道」を書き、俳諧を芸術まで高めた人物はだれですか。　〔 松尾芭蕉 〕

(2) 人形浄瑠璃の脚本を数多く残した人物はだれですか。　〔 近松門左衛門 〕

(3) 杉田玄白らがヨーロッパの解剖書を翻訳して出版した書物を何といいますか。　〔 解体新書 〕

(4) 歌川広重と並んで風景画を得意とし、「富嶽三十六景」などの作品をえがいた人物はだれですか。　〔 葛飾北斎 〕

(5) 庶民の子どもが読み・書き・そろばんを学びに行った施設を何といいますか。　〔 寺子屋 〕

近世ヨーロッパ

・ヨーロッパの多くは君主制だったが、各国で革命が起こった。
　└─ 一人の支配者（君主）が統治する国家のこと
　⇒ 啓蒙思想が革命を後おしした。

啓蒙思想家	思想
ロック	社会契約説と抵抗権を唱えた。
モンテスキュー	法の精神と三権分立を説いた。
ルソー	社会契約説と人民主権を主張した。

これらの思想は、近代の世界に大きな影響をあたえた。

本や雑誌などで、思想が世界に広まったよ。

イギリス革命

・17世紀半ばのイギリスでは、国王が議会を無視して政治を行っていた。
　⇒ 反乱が起きて、国王が処刑された。（ ピューリタン 革命）
　⇒ 共和政が始まった。
　⇒ 再び、国王が議会を無視しだした。
　⇒ 国王が追放された。（ 名誉 革命）
　⇒ 議会を尊重する王が選ばれて、「権利章典」が定められた。

memo 〜革命後のイギリスの政治体制〜
・立憲君主制 … 憲法に基づいて君主が政治を行う。
・議会政治 … 国民が議員を選び、議会で政治を行う。

・18世紀後半、 産業 革命が始まった。
　⇒ 資本 主義に発展した。
　　└─ 競争しながら自由に生産・販売をする経済の仕組み

アメリカの革命

・18世紀半ばまで、アメリカはイギリスによって植民地支配されていた。
　⇒ イギリスの支配に抵抗する運動が起こった。（独立戦争）
　⇒ 独立 宣言が発表された。

・独立後のアメリカは、奴隷制を認めるかどうかについて、北部と南部で争っていた。
　⇒ 1861年、北部と南部の争いが起こった。（南北戦争）
　⇒ リンカン 大統領が奴隷解放宣言を出して、北部の勝利に終わった。

フランスの革命

・17世紀後半のフランスでは、国王が議会を開かずに政治をしていた。 ← 絶対王政
　⇒ 1789年、絶対王政に抵抗する運動が起きた。（フランス革命）
　⇒ 人権 宣言が発表された。

人権宣言の一部▶ 第1条 人間は生まれながらに自由で平等な権利を持つ。

・革命中に戦争に発展したが、軍人のナポレオンの活躍で革命が終わった。

ナポレオン

ナポリタン

ぼくたちは兄弟です。

ちがいます！

こうやって見ると、イギリスとフランスは、「自分勝手な王権に抵抗して革命を起こした」という点で、流れがよくにているね。

確認問題

(1) 法の精神と三権分立を説いた人物はだれですか。　　　　〔 モンテスキュー 〕
(2) 社会契約説と人民主権を主張した人物はだれですか。　　〔 ルソー 〕
(3) 「権利章典」が制定されたのは、イギリスの何という革命の直後ですか。　〔 名誉革命 〕
(4) 奴隷解放宣言を発表したアメリカの大統領はだれですか。　〔 リンカン 〕
(5) フランス革命で発表された、人間としての自由や平等を唱えた宣言文を何といいますか。　〔 人権宣言 〕

欧米のアジア侵略

年代	できごと
19世紀前半	イギリス・清・インドの間で三角貿易が行われた。
1840	清（中国）がアヘンを厳しく取りしまったため、イギリスがアヘン戦争を起こした。└麻薬の一種
	⇒ 南京 条約によって、勝利したイギリスに有利で、清にとって不利な不平等条約が結ばれた。
1851	清では、賠償金のため課した重税によって、太平天国 の乱が広まった。
1857	イギリスの支配下にあったインドで不満が高まり、インド大反乱が起こった。

▼三角貿易

イギリス ←茶・絹← 中国（清）
工業製品 綿織物 / 銀 / 銀 / アヘン
インド

イギリスはインドで栽培したアヘンを清に売って、利益を得ていたんだね。

日本の開国

・1853年、アメリカのペリーが浦賀に来航した。

開国は、いやでござんす！

ペリー
アメリカの貿易船などの寄港地にしたいから、日本には開国してほしいのです。

・1854年、 日米和親 条約が結ばれる。
　⇒ 下田（静岡県）と函館（北海道）の2港が開かれた。
・1858年、 日米修好通商 条約が結ばれる。
　└─ 日本にとって不利な不平等条約

memo 〜日米修好通商条約の不平等事項〜
①領事裁判権を認める … 外国人が日本で事件を起こしたとき、日本ではなく外国の領事が裁判を行う権利を認める。
②関税自主権がない … 日本が輸入される商品にかける関税を独自に決める権利がない。

「〜を認める」と「〜がない」のちがいにも要注意だね。

開国後の日本

・天皇を敬い、外国の勢力を排除して鎖国体制を守ろうとする尊王攘夷運動が高まった。
・1866年、薩摩藩（鹿児島県）と長州藩（山口県）が 薩長 同盟を結び、倒幕を目指した。

薩摩藩
西郷どんでごわす。
西郷隆盛　大久保利通

長州藩
木戸孝允

・1867年、15代将軍 徳川慶喜 が政権を朝廷に返した。（大政奉還）
　⇒ 江戸幕府の滅亡。
・朝廷は 王政復古 の大号令を出し、天皇中心の政治を宣言した。
・1868年、新政府は、抵抗する旧幕府軍を降伏させた（戊辰戦争）。

確認問題

(1) 下田と函館を開港することなどを定めた、日本とアメリカが結んだ条約を何といいますか。　〔 日米和親条約 〕
(2) 日本に関税自主権がなく、アメリカの領事裁判権を認めた条約を何といいますか。　〔 日米修好通商条約 〕
(3) 薩摩藩と長州藩が倒幕を目指して協力体制をとるために結んだ同盟を何といいますか。　〔 薩長同盟 〕
(4) アヘン戦争の結果、清とイギリスが結んだ、清にとって不利な条約を何といいますか。　〔 南京条約 〕
(5) 重税とアヘン戦争後の社会不安から1851年に清で起こった混乱を何といいますか。　〔 太平天国の乱 〕

江戸時代の幕府政治のポイント

・３代将軍徳川家光 … 参勤交代を定める
・５代将軍徳川綱吉 … 朱子学を重視する
・８代将軍徳川吉宗 … 享保の改革
・老中田沼意次 … 財政の立て直し
・老中松平定信 … 寛政の改革
・老中水野忠邦 … 天保の改革

江戸時代の文化

元禄文化	浮世絵 … 菱川師宣
	浮世草子 … 井原西鶴
	人形浄瑠璃の脚本 … 近松門左衛門
化政文化	浮世絵 … 喜多川歌麿，葛飾北斎，歌川広重

江戸時代にどんな文化が発展したか，「元禄」と「化政」に分けて流れを整理しよう！

日本の開国のポイント

・日米和親条約で鎖国体制が終わる
・15 代将軍徳川慶喜が大政奉還 ⇒ 王政復古の大号令を宣言

欧米の近代化のポイント

・ロック，モンテスキュー，ルソーらの思想が革命を後おしした
・イギリスで産業革命 ⇒ 資本主義の発展

第5章 近代

1 明治維新(1) ………………………………… 48・49 ページの解答

新政府の成立と明治維新

・新しい政治の方針である 五箇条の御誓文 が定められる。

― 広く会議を開いて，全ての政治を人々の話し合いによって決めること。
― 知識を世界に求め，天皇の政治の基礎にすること。
◀五箇条の御誓文の一部

これからは，天皇の名のもとに政治を行っていく。
明治天皇

・藩主に土地と人民を政府に返させる 版籍奉還 が行われる。

江戸幕府が最後に行った「大政奉還」と間違えないように！

・1871 年，藩を廃止して，県を置く 廃藩置県 が行われる。

⇒各県に県令（後の県知事）を置いた。
⇒薩摩，長州，土佐，肥前の出身者が実権をにぎったことから藩閥政府と呼ばれた。

政府の命令だから，いやなひとも廃藩置県を受け入れたよ！

・皇族以外の身分制度が廃止される。 ⇒ 解放令が出される。

えた・ひにん身分を平民と同じ身分にした

Point! 実際には解放令が出たあとも，職業や結婚，住む場所などの差別が根強く続いた。

富国強兵

欧米諸国に対抗するために明治政府が行った，日本を豊かで強い国にするための政策をまとめて 富国強兵 という。

・学制 … 満６歳になった男女を小学校に通わせることが義務になった。
・徴兵 令 … 満 20 歳になった男子は兵役の義務を負った。

・地租改正 … 土地の所有者に地券を発行し，地価の 3％ を現金で納めさせた。

⇒毎年一定の金額の税が納められ，国の財政が安定した。
⇒土地の所有者にとって負担となり，４年後に 2.5％ に引き下げられた。

・殖産興業 … 明治政府が近代化を目指して取り組んだ産業。

⇒ 富岡 製糸場（群馬県）などの官営模範工場が造られた。

文明開化と新しい思想

欧米の文化が採り入れられ，人々の生活が大きく変化したことを 文明開化 という。

・れんが造りの建物，ランプ，洋服，牛肉などが広まった。
・暦が太陰暦から 太陽暦 に変わり，１日 24 時間，１週間 7 日と定められた。
・「学問のすゝめ」… 福沢諭吉 が人間の平等を説いた。

天は人の上に人をつくらず，人の下に人をつくらず…
福沢諭吉

【 確認問題 】

(1) 明治新政府の政治方針を示したものを何といいますか。
〔 五箇条の御誓文 〕

(2) 1869 年に大名に土地と人民を政府に返させたことを何といいますか。
〔 版籍奉還 〕

(3) 1871 年に藩を廃止して県を置いたことを何といいますか。
〔 廃藩置県 〕

(4) 富岡製糸場など，新政府が新しい産業を興すために造った工場を何といいますか。
〔 官営模範工場 〕

(5) 満 20 歳になった男子は兵役の義務を負うという法令を何といいますか。
〔 徴兵令 〕

2 明治維新(2) ·· 50・51 ページの解答

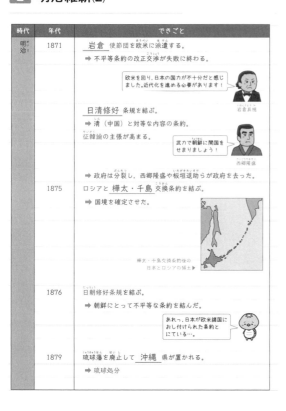

時代	年代	できごと
明治	1871	岩倉 使節団を欧米に派遣する。
		➡ 不平等条約の改正交渉が失敗に終わる。
		欧米を回り、日本の国力が不十分だと感じました。近代化を進める必要があります！ 岩倉具視
		日清修好 条規を結ぶ。
		➡ 清（中国）と対等な内容の条約。
		征韓論の主張が高まる。
		武力で朝鮮に開国をせまりましょう！ 西郷隆盛
		➡ 政府は分裂し、西郷隆盛や板垣退助らが政府を去った。
	1875	ロシアと 樺太・千島 交換条約を結ぶ。
		➡ 国境を確定させた。
		樺太・千島交換条約後の日本とロシアの領土▶
	1876	日朝修好条規を結ぶ。
		➡ 朝鮮にとって不平等な条約を結んだ。
		あれっ、日本が欧米諸国におし付けられた条約とにている…。
	1879	琉球藩を廃止して 沖縄 県が置かれる。
		➡ 琉球処分

時代	年代	できごと
明治	1886	ノルマントン号事件が起こる。
		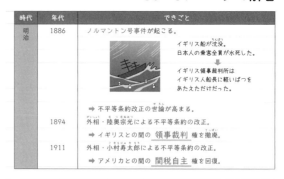 イギリス船が沈没。日本人の乗客全員が水死した。
		イギリス領事裁判所はイギリス人船長に軽いばつをあたえただけだった。
		➡ 不平等条約改正の世論が高まる。
	1894	外相・陸奥宗光による不平等条約の改正
		➡ イギリスとの間の 領事裁判 権を撤廃。
	1911	外相・小村寿太郎による不平等条約の改正
		➡ アメリカとの間の 関税自主 権を回復。

これも覚えよう
屯田兵 … 農業を兼業する兵士。日本各地から北海道へ移住し、開拓を進めた。

確認問題

(1) 明治新政府が欧米視察のために派遣した使節団を何といいますか。　　　〔 岩倉使節団 〕
(2) 1871 年に日本が清と対等な立場で結んだ条約を何といいますか。　　　〔 日清修好条規 〕
(3) ロシアと日本の国境を確定するために 1875 年に結んだ条約を何といいますか。　　　〔 樺太・千島交換条約 〕
(4) 1894 年に陸奥宗光がイギリスとの条約を改正して、撤廃に成功したものを何といいますか。　　　〔 領事裁判権 〕
(5) 1911 年に小村寿太郎がアメリカとの条約を改正して、回復に成功したものを何といいますか。　　　〔 関税自主権 〕

3 立憲制国家の成立 ·· 52・53 ページの解答

時代	年代	できごと
明治	1874	民撰議院設立 の建白書が提出される。
		議会を開設して、国民の意見を政治に反映させましょう！ 板垣退助
		➡ 自由民権 運動に発展した。
		民衆が政治に参加する権利を目指した運動
	1877	改革で特権がうばわれたことを不満に思う士族が反乱を起こすようになる。
		➡ 西郷隆盛を中心に 西南 戦争が起こる。
		士族最大規模にして最後の反乱。
		➡ 政府に鎮圧される。
	1880	国会期成 同盟が結成される。
		国会の開設を政府に求めるための組織
		国会開設は難しいかな…いや！歯を食いしばってがんばろう！
	1881	国会開設の勅諭が発表される。
		➡ 1890 年までの国会開設が約束された。
		国会開設に備えて、政党が結成される。
		・自由 党 …党首：板垣退助
		・立憲改進 党 …党首：大隈重信
		現在の「政党」というものは、このころに始まったんだね。

時代	年代	できごと
明治	1885	内閣制度ができた。
		初代内閣総理大臣は 伊藤博文 。
		国会開設に向けて、ドイツやオーストリアで憲法について学びました。 伊藤博文
	1889	大日本帝国 憲法が発布される。
		➡ 天皇主権であることが憲法に明記された。
	1890	第一回 帝国議会 が開かれる。
		衆議院議員では、
		1 年に直接国税 15 円以上を納める満 25 歳以上の男子のみに衆議院議員の選挙権があたえられた。
		memo ～有権者の数～
		当時の有権者は、全人口の 1.1%しかいなかった。
		教育の基本方針として教育勅語が出される。
		天皇を敬い、国を愛することなどが書かれている

確認問題

(1) 1874 年に板垣退助が国会開設を求めて政府に提出したものを何といいますか。　　　〔 民撰議院設立の建白書 〕
(2) 国民の自由や政治に参加する権利を求めた運動を何といいますか。　　　〔 自由民権運動 〕
(3) 大隈重信が党首を務めた政党を何といいますか。　　　〔 立憲改進党 〕
(4) 1889 年に発布された、日本で最初の近代的憲法を何といいますか。　　　〔 大日本帝国憲法 〕
(5) 1890 年の第一回衆議院議員総選挙では、満何歳以上の男子に選挙権がありましたか。　　　満〔 25 〕歳以上

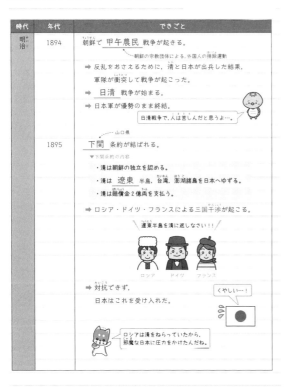

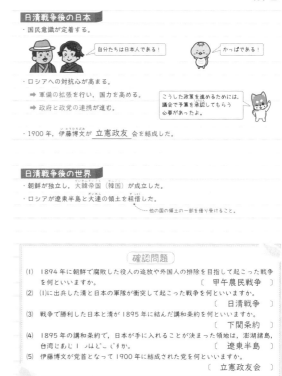

日清戦争後の日本

・国民意識が定着する。

・ロシアへの対抗心が高まる。
　⇒ 軍備の拡張を行い、国力を高める。
　⇒ 政府と政党の連携が進む。

・1900年、伊藤博文が **立憲政友** 会を結成した。

日清戦争後の世界

・朝鮮が独立し、大韓帝国（韓国）が成立した。
・ロシアが遼東半島と大連の領土を租借した。
　　　　　　　　　　　　　　　└ 他の国の領土の一部を借り受けること。

確認問題

(1) 1894年に朝鮮で腐敗した役人の追放や外国人の排除を目指して起こった戦争を何といいますか。〔 甲午農民戦争 〕
(2) (1)に出兵した清と日本の軍隊が衝突して起こった戦争を何といいますか。〔 日清戦争 〕
(3) 戦争で勝利した日本と清が1895年に結んだ講和条約を何といいますか。〔 下関条約 〕
(4) 1895年の講和条約で、日本が手に入れることが決まった領地は、澎湖諸島、台湾あと、どこですか。〔 遼東半島 〕
(5) 伊藤博文が党首となって1900年に結成された党を何といいますか。〔 立憲政友会 〕

日露戦争後の日本と世界情勢

・韓国 … 1910年、日本が **韓国** 併合を行い、朝鮮総督府を設置した。
　⇒ 植民地支配は1945年まで続いた。

・中国 … 革命運動が起こり、**孫文** が三民主義を唱えた。
　⇒ 1912年、中華民国が建国された。

これも覚えよう
辛亥革命 … 清の国内で各省が独立を宣言し、南京で中華民国の建国が宣言された一連の出来事。指導者は孫文。首都を北京に移し、初代大総統には袁世凱が就任した。

確認問題

(1) 1902年に日本とイギリスが結んだ同盟を何といいますか。〔 日英同盟 〕
(2) 国内の世論を受け、1904年に日本が開戦にふみ切った戦争を何といいますか。〔 日露戦争 〕
(3) 日本とロシアが結んだ(2)の戦争の講和条約を何といいますか。〔 ポーツマス条約 〕
(4) 韓国を併合した日本が、韓国を支配するために設置した機関を何といいますか。〔 朝鮮総督府 〕
(5) 中国で三民主義を唱えた人物はだれですか。〔 孫文 〕

産業革命

・日清戦争のころ、軽工業が発展した。

官営の 八幡 製鉄所（福岡県）が
操業を開始する。

➡ 日清戦争の賠償金で造られた。

・日露戦争のあと、重工業が発達した。

用語を確認しよう！

memo ～軽工業と重工業～
軽工業 … 紡績や製糸などの
　　　　 軽いもの
重工業 … 鉄鋼や造船などの
　　　　 重量があるもの

社会の変化

・交通機関が発達した。

➡ 軍事や経済において、鉄道が利用された。

・三井、三菱、住友、安田などの資本家が 財閥 に成長した。

➡ さまざまな業種に進出した。

社会問題

・労働問題 … 紡績業や製糸業では多くの女性が働いていた。

低い賃金で長時間の労働をしていた状況を改善するために、
労働条件の改善を求めて労働組合が結成され始めた。

政府は労働条件を定めた法律を作った
けれど、なかなか改善されなかったよ。

・公害問題 … 足尾銅山（栃木県）付近で水質汚染などの公害が問題となった
（足尾銅山鉱毒事件）。

衆議院議員の 田中正造 は鉱毒問題を明治天皇に直訴した。

鉱山の操業停止や、
被害を受けた人々の
人権を守るために
生涯をかけて戦いました。
田中正造

水質汚染で、
人やかっぱの生活に
被害をあたえたよ。

近代の文化・学問

欧米文化を取り入れた新しい日本の文化が流行した。

●美術

・フェノロサ、岡倉天心 … 日本美術の復興に努めた。

・横山大観（日本画）、高村光雲（彫刻）… 欧米の手法を取り入れた。

・黒田清輝 … フランスに留学し、印象派の明るい画風を紹介した。

●文学

・樋口一葉 …「たけくらべ」

・夏目漱石 …「坊っちゃん」

・森鷗外 …「舞姫」

➡ 話し言葉（口語）のままで文章を書くようになった。

●医学

・北里柴三郎 … 破傷風の治療法を発見した。

・野口英世 … 黄熱病の研究を行った。

野口英世

プチ情報 ～2種類の1000円札～
2024年から発行される1000円札には北里柴三郎が、
2024年まで発行されていた1000円札には野口英世が、
それぞれえがかれている。

黄熱病の研究中に、
自分も感染して
死んでしまいました。

確認問題

(1) 資本主義の発展によって成長した三井、三菱、住友、安田などの大資本家を何
といいますか。　　　　　　　　　　　　　　　　　　　　　〔　財閥　〕

(2) 足尾銅山鉱毒事件の解決に向けて活躍し、天皇に直訴した人物はだれですか。
　　　　　　　　　　　　　　　　　　　　　　　　　　　　〔　田中正造　〕

(3) 「たけくらべ」を書いた女性の文学者はだれですか。
　　　　　　　　　　　　　　　　　　　　　　　　　　　　〔　樋口一葉　〕

(4) 「坊っちゃん」や「吾輩は猫である」などの著者はだれですか。
　　　　　　　　　　　　　　　　　　　　　　　　　　　　〔　夏目漱石　〕

(5) 黄熱病の研究を行った医師で、のちにお札にえがかれた人物はだれですか。
　　　　　　　　　　　　　　　　　　　　　　　　　　　　〔　野口英世　〕

解説 第5章 **1** 明治維新(1) ～ 第5章 **6** 産業革命と近代文化の形成

明治維新のポイント

・三大改革 … 学制、徴兵令、地租改正

・富国強兵を目指す … 富国：殖産興業，強兵：徴兵制

立憲制国家のポイント

・民撰議院設立の建白書 ⇒ 自由民権運動が始まる

・大日本帝国憲法の発布，帝国議会の開設

～ちがいを覚えよう～

・富岡製糸場(群馬県)

殖産興業政策の軽工業。
日本を豊かにするぞ！

・八幡製鉄所(福岡県)

日清戦争後にできた重化学
工業。豊かになってきた！

日清戦争・日露戦争のポイント

日清戦争 （1894年）		日露戦争 （1904年）
甲午農民戦争を鎮圧する中、日中が衝突	きっかけ	日英同盟を結びロシアに対抗
下関条約を結ぶ ⇒ 三国干渉が起こる	講和条約	ポーツマス条約を結ぶ

近代の文化のポイント

・美術 … 横山大観，黒田清輝

・文学 … 樋口一葉，夏目漱石，森鷗外

・医学 … 北里柴三郎，野口英世

7 第一次世界大戦と国際協調の時代 ‥‥‥‥‥‥‥‥‥‥ 60・61 ページの解答

ヨーロッパ諸国の対立

・ 三国協商 … イギリス，フランス，ロシアの協力関係。

・ 三国同盟 … ドイツ，オーストリア，イタリアの軍事同盟。

➡ 軍事力をつけて対立した。

・バルカン半島は「ヨーロッパの火薬庫」と呼ばれ，危険な情勢だった。

「い～，ふ～ろ」だね。
「ど　お　いた」しまして！

第一次世界大戦

オーストリアの皇太子夫妻がセルビア人に暗殺された

・1914 年にサラエボ事件がおこる。

➡ オーストリアがセルビアに宣戦布告する。

➡ 各国が参戦し，第一次世界大戦 が始まった。

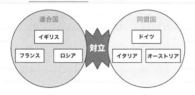

連合国 | 対立 | 同盟国
イギリス / フランス / ロシア ｜ ドイツ / イタリア / オーストリア

➡ イタリアはオーストリアと対立し，開戦後に連合国側に移った。

➡ 日本は，イギリスと日英同盟を結んでいたので，連合国側で戦った。

第一次世界大戦に行く意思を固めて，いろいろな国が参戦したよ。

・戦時中にロシアでは指導者 レーニン の下，ロシア革命が起こった。

➡ 史上初の社会主義の政府ができた。

資本主義を批判し，平等な社会を目指す考え方

➡ 1922 年，ソビエト社会主義共和国連邦（ソ連）が成立した。

国際協調

・1919 年，勝利した連合国はドイツと ベルサイユ 条約を結んだ。

➡ ドイツの弱体化を目指した。　フランスの地名

ベルサイユ条約の一部 ▶ ・植民地を失い，ドイツの領土を縮小する。
・多額の賠償金を支払い，軍備を縮小する。

・ドイツは，国を立て直すために，1919 年に ワイマール 憲法を制定した。

・アメリカのウィルソン大統領が民族自決の原則を唱えた。

➡ 東ヨーロッパで多くの民族が独立した。

・1920 年，世界平和と国際協調を目的とする 国際連盟 が発足した。

➡ 紛争を解決する手段が限られ，影響力は弱かった。

・1921 年から 1922 年にかけて ワシントン 会議が開かれた。

➡ 海軍の軍備の制限などを行った。

これも覚えよう

新渡戸稲造 … 国際連盟の事務次長を務め，国際平和のために力をつくした。

確認問題

(1) イギリス，フランス，ロシアの3か国間の協力関係を何といいますか。〔 三国協商 〕

(2) ドイツ，オーストリア，イタリアの3か国間の軍事同盟を何といいますか。〔 三国同盟 〕

(3) 第一次世界大戦で，各国が国民，経済，資源，科学技術を総動員して戦ったことを何といいますか。〔 総力戦 〕

(4) 1919 年にドイツと連合国との間で結ばれた講和条約を何といいますか。〔 ベルサイユ条約 〕

(5) 1920 年に世界平和と国際協調を目的として発足した組織を何といいますか。〔 国際連盟 〕

8 大正デモクラシーと政党内閣 ‥‥‥‥‥‥‥‥‥‥ 62・63 ページの解答

時代	年代	できごと
大正	1912	第一次 護憲 運動が起こる。
		憲法に基づく政治を守ることをスローガンとした
		Point! 民主主義が唱えられる風潮を大正デモクラシーという。
		立役者は，民本主義を唱えた政治学者の吉野作造。
		欧米列強の影響力が弱まっていたため
	1915	中国に 二十一か条 の要求を示す。
		▼二十一か条の要求の一部
		・ドイツが持つ山東省の権益を日本が引きつぐこと。
		・日露戦争で得た旅順，大連などの租借期限を延長すること。
	1918	シベリア出兵が始まる。
		社会主義が広まらないよう，ロシア革命に干渉した
		➡ 米の買いしめが起き，値段が大幅に上がった。
		➡ 米の安売りを求める 米騒動 が，富山県の漁村で始まったのをきっかけに全国に広がった。
		江戸時代に起こった打ちこわしとは別物なので，区別して覚えよう。
		立憲政友会の原敬が首相になる。
		➡ 陸軍・海軍・外務以外の大臣をすべて立憲政友会の党員で組織した 政党内閣 が成立した。
		「立憲政友会」は前に出てきた言葉だよ。覚えている？
		伊藤博文が結成した党だ！
	1923	関東大震災が起こる。
		➡ 経済に大きな打撃を受けた。

時代	年代	できごと
大正	1925	普通選挙 法が成立する。
		➡ 満 25 歳以上の男子全員に選挙権があたえられた。
		この時点では、まだ女性の選挙権はなかった
		治安維持 法が制定される。
		➡ 共産主義・社会主義を取りしまった。

アジアの民族運動

・中国 … 五・四 運動が起こる。

➡ 反日運動が発展し，孫文が国内統一を目指した。

・朝鮮 … 三・一 独立運動が起こる。

➡ 朝鮮総督府が武力で鎮圧した。

・インド … ガンディー の指導によって，イギリスに対する非暴力・不服従の抵抗運動が起こる。

memo 〜独立運動〜
独立運動とは，植民地支配されている国が独立を求めて起こす運動のこと。朝鮮は日本によって植民地支配されていたから，「独立」という言葉がつく。中国は植民地ではなかったので，「独立運動」ではない。

確認問題

(1) 1915 年に日本が中国に対して，山東省などの権益を求めた要求を何といいますか。〔 二十一か条の要求 〕

(2) シベリア出兵の影響から，米の安売りを求めた運動を何といいますか。〔 米騒動 〕

(3) 原敬が行った，陸軍・海軍・外務以外の大臣をすべて立憲政友会の党員で組織した内閣を何といいますか。〔 政党内閣 〕

(4) 1925 年に成立した，満 25 歳以上の男子に選挙権があたえられた法律を何といいますか。〔 普通選挙法 〕

(5) 中国で，孫文が国内統一を目指すきっかけとなった反日運動を何といいますか。〔 五・四運動 〕

9 社会運動の広がり, 新しい文化 ‥‥‥‥‥‥‥‥‥‥‥‥‥‥‥‥ 64・65 ページの解答

社会運動の広がり

・経済の発展によって労働者が増えた。

➡ ストライキなどの 労働争議 が多発した。

労働条件を改善してもらえるまでは, 働いてやらないぞ！

てやんでえ

・農村では, 小作料の減額を求めて 小作争議 が多発した。
土地を借りている農業従事者が土地所有者に支払う使用料のこと

➡ 日本農民組合が結成された。

・部落差別に苦しんだ人々は, 1922 年に 全国水平社 を結成し,

政府にたよらず自力で平等を勝ち取ろうとした。

1871年に解放令が出たことを学習したね。でも, 実際には差別が続いていたんだよ。

・女性差別からの解放を目指して, 平塚らいてう は

1920 年に新婦人協会を設立した。

➡ 女性の政治団体加入や集会参加の権利を得た。

平塚らいてう

女性は実に太陽でした。でも今は月です。かくされてしまった太陽を今こそ取りもどさなくてはいけません。

・第二次護憲運動が起き, 加藤高明内閣によって普通選挙法が成立した。
納税額の基準が廃止された

➡ 選挙権を持つ人は前回の法改正より約 4 倍に増えた。

・ロシア革命の影響などで社会主義活動が活発になり,

1922 年に日本共産党が非合法に結成された。

➡ 社会主義者を取りしまる治安維持法が制定された。

大正時代の文化

義務教育の広がりを背景に, 一般大衆向けの文化が発展した。

●マスメディア

1925 年に ラジオ 放送が始まり,

新聞とならぶ情報源になった。

ラジオに出演したら, マイクに息を吸い取られて寿命が縮むと思われていたらしいよ！

●活字文化

・芥川龍之介 …「羅生門」「地獄変」

・志賀直哉 …「小僧の神様」「城の崎にて」

➡ 個人を尊重した白樺派。

・小林多喜二 …「蟹工船」

➡ プロレタリア文学（労働者が直面する現実）をえがいた。

●欧米風の生活様式が広まり, 働く女性が増えた。

大正時代って, 想像していたよりも自由や多様性を大切にする時代だったんだね。

これも覚えよう

資本主義 … 資本家と労働者という形で, 階級を二分化する考え方。
社会主義 … すべての資産を国有のものとし, 貧富の差をなくそうとする考え方。

確認問題

(1) 部落差別に苦しむ人々が, 差別からの解放を目指して 1922 年に結成した団体を何といいますか。 〔 全国水平社 〕

(2) 青鞜社や新婦人協会を設立して, 女性の解放を唱えて活躍した人物はだれですか。 〔 平塚らいてう 〕

(3) 1925 年から始まった, 当時新聞とならぶ情報源となったマスメディアを何といいますか。 〔 ラジオ 〕

(4) 「小僧の神様」などの著者で白樺派の小説家はだれですか。 〔 志賀直哉 〕

(5) 「蟹工船」などの著者でプロレタリア文学をえがいた人物はだれですか。 〔 小林多喜二 〕

10 恐慌の時代と政党内閣の危機 ‥‥‥‥‥‥‥‥‥‥‥‥‥‥ 66・67 ページの解答

世界恐慌

1929 年, アメリカのニューヨーク株式市場で株価が大暴落した。

➡ 世界中に不況が広がり 世界恐慌 が起こった。
日本はアメリカへの生糸の輸出が激減して昭和恐慌になった

●世界恐慌に対する各国の対応

・アメリカ… ニューディール （新規巻き直し）政策を行った。

➡ 公共事業をおこして失業者を助けた。

・イギリス, フランス … ブロック 経済を成立させた。

➡ 植民地との貿易を拡大し, 他の国からの輸入品に高い関税をかけた。

・イタリア・ドイツ・日本 … 新たな領土を手に入れようとした。

・ソ連 … スターリンが行った 五か年 計画で

社会主義（共産主義）の経済政策を採っていたため, 影響を受けなかった。

➡ アメリカに次ぐ工業国になった。

～テストに出る～

問. ソ連だけが世界恐慌の影響をほとんど受けなかったのはなぜか？

答. 社会主義（共産主義）の経済政策を採っていたから。

ソ連が掲げていた社会主義（共産主義）は, 貧富の差をなくすことを目指した動きだから, 市場の好況・不況には影響を受けないんだよ。

ファシズムの台頭

・ファシズム … 個人の自由や民主主義を否定する考え方（全体主義）。

➡ イタリアやドイツで勢力をのばした。

・1922 年, イタリアでファシスト党の ムッソリーニ が首相になる。

・1933 年, ドイツでヒトラーが ナチス （国民社会主義ドイツ労働者党）政権を樹立する。

➡ ユダヤ人を迫害し, 独裁政治を行った。

当時のドイツでは, 不況のために貨幣の価値が極端に下がって, 1枚のお札が紙くず同然だったそうだよ。

政党内閣の危機

・憲政の常道 … 二大政党の党首が内閣を組織する慣例のこと。

加藤高明内閣が成立した 1924 年から

憲政会（後の立憲民政党）と立憲政友会が

交互に政権を担当した。

この時代は, 政権交代はめずらしいことじゃなかったんだね。

・1923 年の 関東 大震災をきっかけにして,

1927 年の金融恐慌, 1930 年の昭和恐慌と, 深刻な不況が続いていった。

➡ 経済を支配していた財閥や, 汚職や政争をくり返す政党に, 国民の不信が高まった。

・浜口雄幸首相が, 中国との関係改善を図ったり,

イギリスやアメリカと協調してロンドン海軍軍縮条約を結んだりした。

memo ～浜口雄幸首相～

浜口首相が行った外交は, 一部の軍人や国家主義者から「天皇の権限の侵害である」と強く批判された。そのため, 浜口首相は東京駅で狙撃されて重傷を負い, 辞任に追いこまれた。

大日本帝国憲法下では, すべての政治や外交が天皇主導で行われていた。

確認問題

(1) 1929 年に起こった, アメリカから世界に広まった急激な不況を何といいますか。 〔 世界恐慌 〕

(2) (1)に対してイギリスやフランスが行った, 植民地以外の国からの輸入品に高い関税をかける経済の仕組みを何といいますか。 〔 ブロック経済 〕

(3) (1)のころのソ連がスターリンの指導のもとで行った計画を何といいますか。 〔 五か年計画 〕

(4) イタリアでファシスト党を率いて, 1922 年に首相になった人物はだれですか。 〔 ムッソリーニ 〕

(5) ドイツでヒトラーが率いた, 国民社会主義ドイツ労働者党のことをカタカナ 3 文字で何といいますか。 〔 ナチス 〕

11 満州事変・日中戦争と戦時体制 ……………………………………… 68・69 ページの解答

時代	年代	できごと
昭和	1931	関東軍が柳条湖の南満州鉄道の線路を爆破した。 ➡ 満州 事変が起こった。
	1932	満州国 の建国を宣言した。 ➡ 実質的に日本が支配した。 戦になって、満州国ができたよ。 日本国内では新聞や民衆が、軍の行動を支持していたよ。 五・一五 事件で犬養毅首相が暗殺される。 ➡ 政党内閣の時代が終わった。 軍人の首相が増えた。
	1933	日本が 国際連盟 を脱退する。 ➡ 国際的な孤立を深めた。
	1936	陸軍の青年将校が東京の中心部を占拠した 二・二六 事件で数名の政治家が暗殺される。 ➡ 軍部が政治的な発言力を強めた。 Point! 五・一五事件は1932年に、二・二六事件は1936年に起こっている。順番を間違えないようにしよう。
	1937	中国の盧溝橋付近で、日中両国軍が武力衝突。 ➡ 日中 戦争が始まった。 中国では… 内戦中の国民党と共産党が協力した。　イギリスやアメリカが支援した。

日本の戦時体制
➡ すべての人員と物資を戦争のために使うというきまり

・1938 年，国家総動員 法が制定された。
　➡ 政府は，議会の承認なしに労働力や物資を動員できるようになる。

・政党が解散して 大政翼賛会 を再結成した。
　➡ 総力戦のため強力な政治体制を作った。

・軍国主義による教育
　…生活必需品の供給の制限，言論や思想の取りしまりなど，国民生活を統制した。

・植民地の朝鮮で 皇民化 政策が進められた。

皇民化政策は台湾でも実施され，朝鮮や台湾の人々も戦争に動員された。

memo ～皇民化政策の内容～
・日本語の使用を義務づける。
・志願兵制度が実施される。
・日本式に姓名を改めさせる創氏改名を行う。

これも覚えよう
抗日民族統一戦線 … 日中戦争で中国の共産党と国民党が結んだ協力関係。

確認問題
(1) 1931 年に南満州鉄道の線路の爆破がきっかけとなって始まったできごとを何といいますか。　〔 満州事変 〕
(2) 日本が 1933 年に脱退した組織を何といいますか。　〔 国際連盟 〕
(3) 陸軍の将校らが 1937 年に首相官邸の占拠などを行った事件を何といいますか。　〔 二・二六事件 〕
(4) 1938 年に定められた，議会の承認なしに政府が労働力や物資を動員できる法律を何といいますか。　〔 国家総動員法 〕
(5) 朝鮮の人々に日本語の使用を強要したり，創氏改名をさせたりした日本の政策を何といいますか。　〔 皇民化政策 〕

12 第二次世界大戦と戦時下の生活 ……………………………………… 70・71 ページの解答

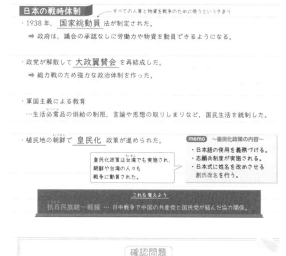

時代	年代	できごと
昭和	1939	ドイツは対立していたソ連と 独ソ不可侵 条約を結んだ。 戦で苦しんだ人は多かったと思う…。 ドイツがポーランドに侵攻し， 第二次世界大戦 が始まった。
	1940	日独伊 三国同盟が成立した。 ➡ 枢軸国と連合国の対立が明らかになる。 枢軸国　ドイツ　日本　イタリア　対立　連合国　アメリカ　イギリス　フランス
	1941	日ソ中立 条約が成立する。 ➡ 日本は北方の安全を確保し，南部へ進出した。 ➡ 日本は，アジアの民族だけで繁栄する「大東亜共栄圏」建設を唱えた。 アメリカとイギリスが 大西洋 憲章を発表する。 ➡ 日本への対決と戦後の平和構想を示した。 日本がハワイの真珠湾を奇襲・マレー半島に上陸して， 太平洋 戦争が始まった。

ドイツの占領政策
・ユダヤ人を差別し，強制収容所で労働させ殺害した。
・物資の取り上げや反抗する者への弾圧などを行った。
　➡ ヨーロッパ各地で，ドイツへの抵抗運動（レジスタンス）が起きた。

約600万人のユダヤ人が亡くなったよ。

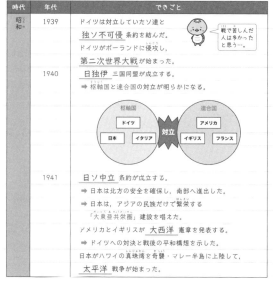

戦時下の日本の暮らし
・疎開 … 空襲が激しくなり，都市の小学生が親と離れて農村に移動した。
・学徒出陣 … それまで徴兵されなかった大学生なども兵士として戦場に送られた。
・勤労動員 … 中学生・女学生などが軍需工場で働かされた。

日本の降伏
➡ 日本の無条件降伏などを求めた
・7 月　　連合国が ポツダム 宣言を発表。　➡ 日本は黙殺。
・8 月 6 日　アメリカが広島に 原子爆弾 （原爆）を投下。
・8 月 8 日　日ソ中立条約を破り，ソ連が日本に宣戦布告。
・8 月 9 日　アメリカが長崎に原爆を投下。
・8 月 14 日　ポツダム宣言を受け入れる。
・8 月 15 日　昭和天皇が降伏したことを国民に知らせた。

これも覚えよう
枢軸国のドイツ，イタリア，日本は，最終的に連合国によって敗れるが，3 国が一気に降伏したわけではない。
1943 年 9 月 イタリアが降伏　➡　1945 年 5 月 ドイツが降伏
➡　1945 年 8 月 日本が降伏

確認問題
(1) 1940 年に日本がドイツ・イタリアと結んだ同盟を何といいますか。　〔 日独伊三国同盟 〕
(2) 1941 年に日本がハワイの真珠湾やイギリス領のマレー半島を攻撃したことで始まった戦争を何といいますか。　〔 太平洋戦争 〕
(3) ヨーロッパ各地で起こったドイツへの抵抗運動を何といいますか。　〔 レジスタンス 〕
(4) 徴兵を猶予されていた大学生などが軍隊に召集されたことを何といいますか。　〔 学徒出陣 〕
(5) 1945 年に日本が受け入れた，日本の無条件降伏を示した宣言を何といいますか。　〔 ポツダム宣言 〕

第一次世界大戦・第二次世界大戦のポイント

第一次世界大戦	対立関係	第二次世界大戦
三国同盟国と連合国（三国協商）の対立	対立関係	枢軸国と連合国の対立
ベルサイユ条約 ⇒ ドイツの弱体化	戦争の終結	ポツダム宣言 ⇒ 日本の無条件降伏
戦後，国際連盟が発足	特徴	広島，長崎に原子爆弾（原爆）が投下される

大正時代のポイント

・原敬による本格的な政党内閣
・大正デモクラシーの風潮
・普通選挙法と治安維持法の制定

昭和時代のポイント

・世界恐慌が起こる
・ドイツ，イタリアでファシズムが台頭
・満州事変，日中戦争が起こる ⇒ 日本の領土進出

～ちがいを覚えよう～

・五・一五事件(1932年)
　… 海軍の青年将校が犬養毅首相を暗殺
・二・二六事件(1936年)
　… 陸軍の青年将校が大臣などを暗殺
　（首相は殺人未遂に終わった）

第6章 現代

1 占領下の日本 ・・・・・・・・・・・・・・・・・・・・・・・・・・・・・・・・・・・・・・・ 72・73 ページの解答

連合国軍による占領

・連合国軍最高司令官総司令部（ GHQ ）による間接統治が採られた。
　最高司令官は マッカーサー 。
　⇒ 戦後改革が進められた。
・占領政策の基本方針 … 非軍事化・民主化

私が，最高司令官だ。

マッカーサー

非軍事化

・連合国の脅威にならないよう，徹底的に非軍事化した。

教科書が黒くぬりつぶされているね。どうして？

GHQの指示で，戦意を高めるような内容を消したんだよ。

▲戦後直後の墨ぬり教科書

・軍隊を解散させた。
・戦争犯罪人を 極東国際 軍事裁判（東京裁判）にかけた。
　⇒ 戦争中に重要な地位にいた人を公職から追放した。
・昭和天皇が「人間宣言」を発表した。

民主化

・財閥解体 … 経済の自由化を図るために，経済を支配してきた
　　三井，三菱などの 財閥 が解体された。
・農地改革 … 農業を活性化するために，地主が持つ小作地を政府が買い上げ，
　　小作人 に安く売った。
　⇒ 小作人の多くが
　　自作農になった。

memo ～小作人と自作農～
・小作人 … 土地を借りている農業従事者。
・自作農 … 自分の土地を持つ農業従事者。

・男女普通選挙 … 満 20 歳以上のすべての男女に
　　選挙権があたえられた。

はじめて女性にも選挙権が認められたよ！

日本国憲法

大日本帝国憲法に変わる新しい憲法として，日本国憲法が制定された。

●公布と施行
　・公布 … 1946 年 11 月 3 日
　・施行 … 1947 年 5 月 3 日

日本国憲法を記念して，11月3日は「文化の日」に，5月3日は「憲法記念日」に定められたよ。

●3つの基本原理
　・ 国民 主権 ／ 基本的人権 の尊重 ／ 平和 主義

●天皇の位置づけ
　・天皇は，統治権を失い，国と国民統合の象徴となった。
　　⇒ 国会が国権の最高機関になった。

●その他の法律
　・民法の改正…男女平等に基づいた家族制度が定められた。
　・ 教育基本 法…民主主義の教育の基本を示した。
　　⇒ 忠君愛国を示した教育勅語は失効した。

日本国憲法については，中3の公民でくわしく勉強するよ。

確認問題

(1) 日本を間接統治した連合国軍最高司令官総司令部を，アルファベット3文字で何といいますか。　　〔 GHQ 〕
(2) 政府が地主の小作地を買い上げ，小作人に安く売った改革を何といいますか。　〔 農地改革 〕
(3) 1945年の選挙法の改正によって，選挙権は満何歳以上の男女にあたえられましたか。　〔 満 20 歳 〕
(4) 日本国憲法の基本方針は，国民主権，平和主義ともう1つは何ですか。　〔 基本的人権の尊重 〕
(5) 民主主義の教育の基本を示した法律を何といいますか。　〔 教育基本法 〕

2 冷戦の開始と日本の独立回復 ‥‥‥‥‥‥‥‥‥‥‥‥‥‥‥‥ 74・75 ページの解答

国際連合

・1945 年, 国際連合 (国連) が設立される。
世界の平和と安全を維持する機関

・常任理事国 … アメリカ, イギリス,
フランス, ソ連, 中国の 5 か国。

⇒ 重要な議決は 5 か国のうち, 1 か国でも
反対すると否決になる。(拒否権)

例えば…

アメリカ / イギリス / フランス / ソ連 / 中国 反対！ / 賛成！ / 否決‼

冷戦の始まり

・冷たい戦争 (冷戦)
… アメリカ中心の資本主義諸国と
ソ連率いる共産主義諸国の対立。

全面戦争はなかった
けれど、厳しい対立
が続いたよ。

・1949 年, ドイツが東西に分かれて独立した。

⇒ 西ドイツは資本主義国, 東ドイツは共産主義国。

・軍事同盟 … 西側が北大西洋条約機構 (NATO) を,
東側がワルシャワ条約機構を作った。

アジアの動き

・中国 … 1949 年に 中華人民共和国 (中国) が成立した。

・朝鮮 … 日本の植民地から解放される。

⇒ 北緯 38 度線を境に, 南をアメリカ, 北をソ連が占領した。

⇒ 南に 大韓民国 (韓国),
北に 朝鮮民主主義人民共和国 (北朝鮮) が成立した。

⇒ 1950 年, 北朝鮮が南北統一を目指して韓国に侵攻した 朝鮮 戦争が始まった。

Point! 朝鮮戦争は 1953 年に休戦したが, 2023 年現在もなお対立が続いており, まだ終戦はしていない。

朝鮮半島は、南をアメリカ、
北をソ連に占領されたから、
現在のように２つの国に
分かれたんだね。

国際社会への復帰

・1951 年, 日本はアメリカなど 48 か国と
サンフランシスコ 平和条約を結んだ。

⇒ 翌年, 独立を回復した。

(b) 連合国は, ……日本国民の
完全な主権を承認する。

▲サンフランシスコ平和条約の一部

・アメリカと 日米安全保障 条約 (日米安保条約) を結んだ。

⇒ アメリカ軍基地が日本国内に残った。

日本の安全やアジアの平和を
守るという理由で基地が
残されたよ。

・1956 年, 日ソ共同 宣言が調印され,
ソ連との国交が回復した。

⇒ ソ連の支持を得られて日本は国連に加盟した。

ソ連も、日本が国連に
行くころかと思ったの
かもしれないね。

これも覚えよう
安保闘争 … 1960 年の日米安全保障条約の改正のとき、アメリカの軍事行動に
巻き込まれることを危険視した人々が起こした反対運動。

確認問題

(1) 1949 年に結成された北大西洋条約機構の略称をアルファベットで何といいますか。 〔 NATO 〕

(2) 1950 年に起こった, 北朝鮮が南北統一を目指して韓国に侵攻し, 始まった戦争を何といいますか。 〔 朝鮮戦争 〕

(3) 日本が独立を回復することとなった条約を何といいますか。 〔 サンフランシスコ平和条約 〕

(4) 1951 年に結ばれた, 日本にアメリカ軍基地を置くことを認めた条約を何といいますか。 〔 日米安全保障条約 (日米安保条約) 〕

(5) 日本が国際連合に加盟するきっかけとなった, ソ連との間で調印した宣言を何といいますか。 〔 日ソ共同宣言 〕

3 日本の高度経済成長と現代の文化 ‥‥‥‥‥‥‥‥‥‥‥‥ 76・77 ページの解答

日本の経済成長

・ 特需 景気 … 朝鮮戦争のとき, アメリカ軍向けの軍需物資を生産し, 好況になった。

・ 高度経済 成長 … 1955 年から 1973 年まで,
経済が急成長を続けた。

⇒ 重化学工業が産業の主軸になった。

⇒ 国民の生活は便利になって, 電化
製品が広まった。

▲三種の神器 (白黒テレビ・洗濯機・冷蔵庫)

・1964 年, 東京オリンピック・パラリンピックが開かれる。

新幹線や高速道路が
開通したよ！

・1973 年, 石油危機 (オイル・ショック) が発生する。

⇒ 石油価格の上昇により, 深刻な不況になり, 高度経済成長が終わる。

中東で戦争が起こり,石油の
価格が上がってしまったよ。

戦争が終わり,ひと苦難去った
と思ったら,オイル・ショック。

社会問題

・人口の流出 … 農村では過疎に, 都市では過密になった。

・四大公害 … 水俣病, 新潟水俣病, 四日市ぜんそく, イタイイタイ病

農村　　　　　　都市

人口が流出して過疎化になった。

過密化で交通渋滞や
住宅不足を引き起こした。

高度経済成長期の外交

時代	年代	できごと
昭和	1965	日韓基本 条約を結ぶ。
		⇒ 韓国政府を朝鮮半島唯一の政府として承認。
	1972	アメリカと交渉し, 沖縄が日本に復帰した。
		日中共同 声明にて, 中国との国交が正常化。
	1978	日中平和友好 条約を結ぶ。⇒ 中国と関係を深める。

・ 非核三原則 … 核兵器を「持たず, 作らず, 持ちこませず」という
日本の方針ができた。

現代の文化

●メディア

・1953 年, テレビ 放送が始まった。

・1990 年代, インターネットが普及した。

●漫画・文学・スポーツ

・「鉄腕アトム」… 手塚治虫

・ノーベル文学賞 … 川端康成, 大江健三郎

・プロ野球 … 長嶋茂雄, 王貞治

「巨人・大鵬・卵焼き」
という言葉が流行したよ。

確認問題

(1) 朝鮮戦争をきっかけに, 日本がむかえた好況を何といいますか。 〔 特需景気 〕

(2) 高度経済成長が終わるきっかけとなった, 石油価格の上昇を何といいますか。 〔 石油危機 (オイル・ショック) 〕

(3) 1965 年に結ばれた, 韓国政府を朝鮮半島唯一の政府として認めた条約を何といいますか。 〔 日韓基本条約 〕

(4) 核兵器を「持たず, 作らず, 持ちこませず」という基本方針を何といいますか。 〔 非核三原則 〕

4 冷戦終結後の国際社会と日本 ···························· 78・79 ページの解答

冷戦の終結

・1989 年，ドイツの **ベルリンの壁**

が取りこわされた。 ← 冷戦の象徴

➡ 米ソの首脳が冷戦の終結を宣言した。

1990 年，東西ドイツが統一した。

memo ～共産主義のおとろえ～

東ヨーロッパで民主化運動が高まって，共産党政権がたおれた。それ以降，共産主義国は大幅に減り，2023 年現在では数か国ほどしかない。

冷戦後の国際社会

時代	年代	できごと
平成	1991	湾岸戦争が起こる。 ➡ アメリカを中心とした多国籍軍が派遣された。
	1993	ヨーロッパ連合（ **EU** ）が発足する。 ➡ ヨーロッパの地域統合が進んだ。
	2001	アメリカで **同時多発** テロが発生する。 ➡ テロを理由にアメリカがアフガニスタンを攻撃した。
	2003	イラク戦争が始まる。
令和	2022	ロシアによるウクライナ侵攻が始まる。

 第二次世界大戦が終わったのに、また何度も戦争が起こっているね…。

 世界各地で、宗教や文化のちがいや国家間の対立から、地域紛争が起きているよ。

・国連の平和維持活動（ **PKO** ）が地域紛争を解決する役割を担う。

・2015 年，国連サミットで持続可能な開発目標（SDGs）が採択された。

Point! SDGs には、将来の世代の幸福も考えた 17 の目標がかかげられている。

冷戦後の日本

時代	年代	できごと
平成	1991	バブル経済が崩壊する。 ➡ 長期にわたる不況になった。
	1992	平和維持活動（PKO）に自衛隊を派遣する。
	1993	55 年体制が崩壊する。
	1995	阪神・淡路大震災が起こる。
	2011	**東日本** 大震災が起こる。 ➡ 再生可能エネルギーの導入が進められる。
令和	2020	新型コロナウイルス感染症が世界中に広がる。

現代社会の特色

・ **少子高齢** 化 … 高齢者の割合が高く，若者の人口や出生数が少なくなること。

・ **地球温暖** 化 … 海面の上昇や農作物の不作など，深刻な問題を引き起こすようになること。

・グローバル化 … 国境を越えて，世界が一体になること。

世界にはばたこう！

───

（確認問題）

(1) 1989 年に取りこわされた，冷戦の象徴を何といいますか。〔 **ベルリンの壁** 〕

(2) 1993 年に成立したヨーロッパ連合の略称を，アルファベットで何といいますか。〔 **EU** 〕

(3) 子どもの数が減少して，高齢者の割合が高くなる現象を何といいますか。〔 **少子高齢化** 〕

(4) 温室効果ガスによって，地球の気温や海面の上昇を引き起こす現象を何といいますか。〔 **地球温暖化** 〕

───

解説 第6章 1 占領下の日本 ～ 第6章 4 冷戦終結後の国際社会と日本

日本の戦後改革のポイント

・非軍事化と民主化が進められた

・財閥解体，農地改革，日本国憲法の制定

冷戦のポイント

・資本主義国（西側）と共産主義国（東側）の対立 ➡ ドイツの東西分裂，朝鮮戦争

・マルタ会談 ➡ 米ソ首脳が冷戦終結を宣言

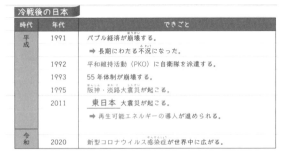

これも覚えよう
＜令和の主な出来事＞

2019年	平成の天皇の生前譲位により，元号が令和に替わる。
2020年	新型コロナウイルス感染症(COVID-19)が広がる。
2021年	東京オリンピックが開催される。
2022年	ロシアによるウクライナ侵略が始まる。 安倍晋三元首相が暗殺される。

現代社会の変化のポイント

世界の変化	日本の変化
・ヨーロッパ連合（EU）の発足 ⇒ 国際協調 ・各地で地域紛争 ⇒ 平和維持活動（PKO）や非政府組織（NGO）の活躍 ・グローバル化の発展	・日ソ共同宣言の調印 ⇒ 国際社会へ復帰 ・高度経済成長 ⇒ 戦後の復興 ・バブル経済の崩壊 ⇒ 長期にわたる不況 ・自然災害や少子高齢化などの課題

15560

数研出版

https://www.chart.co.jp

よくできました！